스스로 생각하고 놀면서 공부하는
역사 워크북 **1**

# 한국사 편지
# 생각책

원시 사회부터
통일 신라와
발해까지

박은봉 ★ 생각샘 글
김중석 그림

책과함께 어린이

## 박은봉 선생님의 이야기

《한국사 편지》 이후 오랜만에 어린이 독자들을 위해 돌아오신 박은봉 선생님을 만나 인터뷰를 했습니다.

**어떻게 《한국사 편지》의 워크북을 펴내게 되셨나요?**

《한국사 편지》 완간 직후부터 워크북을 만들자는 요청과 제안이 많았어요. 필요하다는 의견에 동의는 했지만 《한국사 편지》가 추구하는 바를 워크북에 잘 담아낼 수 있을지 확신이 서지 않았지요. 그러다 '생각샘'을 만나면서 가능성을 보았습니다. '아, 할 수 있겠구나!'

**《한국사 편지 생각책》을 공동 집필하셨는데요. 선생님은 어떤 역할을 하셨나요?**

《한국사 편지》가 무엇을 전달하려는지 지향점을 충분히 공유하는 게 가장 중요하다고 생각했어요. 그래서 본격적으로 집필하기 전에 수차례 모여서 《한국사 편지》를 놓고 의견을 나누었어요. 그 다음, 하나하나 문항을 만들고 선별하고 검토하고 수정하는 일련의 모든 과정을 함께했습니다.

**요즘 역사 워크북이 많은데요. 《한국사 편지 생각책》만의 특징을 알 수 있는 문항을 꼽아 주신다면?**

《한국사 편지 생각책》의 문제들은 단순 암기형의 문제가 아니에요. 사고력과 판단력을 기르고 자신의 가치관을 정립하는 것, 이것이 《한국사 편지》와 《한국사 편지 생각책》의 지향점이에요. 그래서 스스로 생각해 보기, 다양하게 생각해 보기, 자신만의 생각을 자유롭게 표현하기, 이런 문제들이 대부분입니다. 예를 들면, 2권 고려 시대의 '왕후장상의 씨가 따로 있나' 단원에서 '순정'이라는 인물이 되어 그 당시 순정이 어떤 마음이었을지 글로 써 보는 문항이 있어요. 이런 식의 접근은 분명한 차별점이라고 생각합니다. 인물 이름이나 사건, 연도를 외워서 답하는 게 아니라, 인간과 세계를 다양한 각도로 이해하고 복합적인 사고를 하게끔 이끌어 주니까요.

**'생각하는 역사'를 문항으로 구현하려면 어려움이 많았겠네요. 그중에서도 특히 고민되셨던 점이 있나요?**

사실 역사를 해석하는 데 있어서 단답형의 하나뿐인 정답은 없어요. 역사 자체가 다면 다층, 복합적이기 때문이죠. 그렇다면 어디까지를 정답으로 해야 할까 고민했습니다. 그래서 어린이들이 직접 작성한 답안들을 수록했어요. 실제 답안을 통해 정답의 범위와 적정한 가이드라인을 보여 주었지요. '아, 이런 것도 정답이 될 수 있겠구나!' 하고 역사적 시야가 확장되는 경험을 할 수 있을 것입니다.

**어린이들이 실제로 참여했다는 점이 무척 돋보이네요. 앞으로 《한국사 편지 생각책》을 볼 독자들에게 한 말씀 해 주세요.**

정답을 맞히려고만 하지 말고 자유롭게 생각해 보세요. 엉뚱한 질문, 튀는 생각 다 괜찮습니다. 역사 공부가 재미있어질 거예요. 그리고 지도하는 부모님이나 선생님들은 조급해 하지 말고 기다려 주세요. 어린이의 생각을 존중하고 대화를 나누어 보세요. 《한국사 편지 생각책》이 길잡이가 되어 줄 겁니다.

## 생각샘 선생님들의 이야기
정답과 오답을 가려내는 역사가 아닌 스스로 생각하고 문제를 찾아가는 역사

"시중엔 아이들이랑 재미있고 쉽게 공부할 만한 역사 워크북이 없어요."
"내용 확인, 단답형 역사 워크북은 문제집이랑 다를 게 없죠."
어린이 역사 논술에 대해 상의하던 중 생각샘들은 이런 고민에 빠졌습니다.
"우리 그동안 독서 활동지 만들고 공부했던 노하우로 역사 워크북 하나 만듭시다!"
"그래요. 우리 정도 내공이라면 뭔가 다른 워크북을 만들 수 있을 거예요."
"우리끼리 만들고 수업하는 것으로 끝내지 말고 출판을 해 보는 건 어때요?"
생각샘들은 내용이 알차고 가장 널리 알려진 어린이 역사책으로 제대로 된 워크북을 만들어 보자는 결론을 내리고, 《한국사 편지》를 기본 책으로 정했습니다. 엄마가 들려주는 한국사라는 형식의 《한국사 편지》가 옛이야기 듣듯 재밌고 쉽게 공부하자는 생각샘의 역사 공부 방향과 딱 맞았기 때문입니다. 또 직접 수업하며 워크북을 만들어 본 책이기에 가장 잘할 수 있는 책이기도 했습니다.
그렇게 생각샘들은 겁도 없이 역사 워크북을 만들어 보자며 의기투합을 했답니다.
생각샘이 만들고자 하는 워크북의 방향을 정하고 제안서와 워크북 샘플을 만들어 출판사에 보내기까지 수개월이 걸렸습니다. 출판을 위한 실제 작업이 진행되고 박은봉 선생님과 토론을 하며 새로운 역사 워크북을 위한 고민을 할수록 처음의 패기는 사라지고 '이거 정말 할 수 있을까?'라는 불안감이 커지기도 했답니다.
수많은 자료와 씨름하고, 치열했던 토의와 아이들의 피드백을 거치며 불안감은 할 수 있다는 열정과 자신감으로 변했습니다. 그리고 드디어 현장에서 생각샘들이 직접 겪고 고민한 노하우가 담긴, 어린이들의 생생한 이야기가 함께한, 어디에도 없던 역사 워크북이 세상에 선을 보이게 되었습니다.
생각샘들이 갖고 있던 역사 공부에 대한 새로운 생각이 우리만의 생각이 아니었음을 인정받는 것 같아 가슴이 뜁니다.
"역사가 이렇게 재미있는 줄 몰랐어요!"
"옛날 사람들은 다 원시인들처럼 살았을 줄 알았는데 우리만큼 똑똑했네요!"
"박물관에 가서 직접 보고 싶어요!"
《한국사 편지 생각책》 집필에 참여한 어린이들은 점차 역사에 재미를 느꼈고, 질문하고 탐구하는 자세로 바뀌었습니다. 역사에 대한 관심과 이해의 중요성이 새삼 강조되는 요즘, 더 많은 어린이들이 이러한 변화를 경험했으면 합니다.

생각샘 대표 필자 이진희

## 이런 점이 특별해요!

《한국사 편지 생각책》은 《한국사 편지》를 기본 책으로 삼아 어린이들이 한국사를 보다 깊이 이해하고 다양한 생각을 펼칠 수 있게 돕는 워크북입니다.

### 외우는 역사가 아닌 느끼고 생각하는 역사를 구현

《한국사 편지 생각책》은 사건, 연도, 인물 이름을 얼마나 많이 외우고 있는지 시험하지 않습니다. 단편적인 암기식 학습을 지양하고 역사의 재미와 의미를 어린이 스스로 자연스럽게 체득할 수 있도록 이끌어 줍니다.

### 학습과 놀이가 균형 있게 통합된 워크북

《한국사 편지》에서 만난 역사 이야기를 토대로 풍부한 사진과 지도, 그림 등 다양한 자료를 활용하여 추론, 상상, 스토리텔링, 놀이를 함으로써 역사를 재미있고 생생하게 느끼고 생각하게 해 줍니다.

### 《한국사 편지》 저자와 공동 작업

《한국사 편지》 저자가 직접 참여해서 만든 유일한 워크북입니다. 《한국사 편지 생각책》의 모든 문제와 활동은 《한국사 편지》 저자 박은봉과 생각샘 선생님들이 함께 토론하여 만든 것입니다.

### 어린이 논술, 역사 지도를 하고 있는 선생님들의 현장 노하우

수년간 어린이들에게 역사·논술을 지도해 온 선생님들의 풍부한 경험이 응축되어 있습니다. 어린이들의 감성, 사고방식, 교육적 효과 등에 대한 축적된 노하우가 오롯이 담겨 있습니다.

### 필요한 활동 자료들을 한 권에 모두 수록

《한국사 편지 생각책》에는 만들기, 그리기, 게임하기, 스티커 붙이기 등 다양한 놀이 활동이 들어 있습니다. 그와 같은 활동에 필요한 자료를 한 권에 모두 수록해 놓았으므로 매우 편리합니다.

### 어린이들이 직접 참여한 현장감 넘치는 문항과 답안

모든 문항과 답안은 생각샘 선생님들과 함께 공부한 어린이들의 반응과 답변을 충실히 반영해서 만들었습니다. 초등학교 3학년부터 6학년에 이르는 어린이들과 직접 역사 수업을 하면서 실제 의견을 보고 들으며 질문의 눈높이나 단계의 구성을 조율하였고, 지침서를 구성하였습니다. 글쓰기와 만들기, 그림 그리기 등에서 발현된 아이들의 개성 있는 작품도 지침서에서 확인할 수 있습니다.

### 부모님과 선생님을 위한 꼼꼼한 지침서

지침서의 모든 답안은 《한국사 편지》의 내용과 어린이들의 실제 답안을 바탕으로 꼼꼼하게 정리해 만들었습니다. 어린이들의 창의적인 생각들을 폭넓게 실은 지침서는 자유롭게 문제를 풀고 생각하게 하되 답안의 적정한 범위를 어디까지로 보아야 할지 고민스러울 때, 부모님과 선생님을 위한 친절한 나침반이 되어 줍니다.

## 《한국사 편지 생각책》을 먼저 만나 본 친구들을 소개합니다!

(연가초4 조승아)

안녕? 난 조승아야. 이제 11살! 난 수다 떨기, 책 읽기, 뜨개질이나 십자수 같은 걸 좋아해.^^ 그림 그리는 건 특기이자 취미라고 할 수 있지. 이 책을 처음 할 때 지루할 수도 있어(나도 그랬어). 그래도 중간 중간 재밌는 게 나와서 좋아.*^^*

나는 역사가 어려워 보여서 좋아하지 않았어. 그런데 《한국사 편지 생각책》에는 만들기랑 그리기 같은 활동이 있는 거야. 특히 옷걸이로 만든 활을 난 지금도 심심하면 가지고 놀아. 화살도 여러 개 만들고, 다른 모양으로 변형하기도 해서 쏠쏠 잘 쏘고 놀지. 우리 식구 중에 내가 제일 화살을 잘 쏴. 혹시 내가 전생에 주몽??

(일월초3 김병철)

(황룡초5 최서영)

나는 자전거를 타는 것이 정말 좋아. 《한국사 편지 생각책》은 자전거를 타는 것 같아. 조심조심 '생각 한 걸음', 언덕길 '생각 두 걸음', 숲 속 길 '깊이 생각하기', 바람 솔솔 '생각 펼치기', 유쾌 상쾌 내리막길 '역사와 뛰놀기', 어느새 《한국사 편지 생각책》은 나와 함께 여행을 가는 친구가 되었어.

나는 본 조비, Daft Punk, 윤도현 밴드 등의 음악을 듣는 것을 좋아하고, 마블코믹스에서 발간하는 만화책 시리즈를 수집하는 것이 취미야. 요즘엔 부모님 세대의 음악을 즐겨 듣고 있지. 음악에도 만화에도 역사가 있다는 거, 알고 있니?

(대화초6 정 솔)

(목운초6 임도윤)

안녕하세요. 저는 글쓰기를 세상에서 제일 싫어하는 6학년 임도윤입니다. 하지만 엄마의 엄청난 강요 때문에 선생님과 역사 수업을 했습니다. 4년 동안 많을 걸 배우면서 지루하기도 하고 재미있기도 하였습니다. 《한국사 편지 생각책》을 할 때는 조금 재미있었습니다. 그리고 이제는 역사와 친구가 되었습니다.

저는 2002년 월드컵의 열기가 뜨겁던 어느 여름날에 태어나서 현재 서울에 있는 염리 초등학교에 다니고 있습니다. 예전부터 역사를 좋아하여 어린 시절에 역사책을 쓰려던 원대한 꿈을 안고 첫 번째 장인 서문부터 쓰기 시작했으나 결국은 실패하고 말았습니다. 그로부터 5년 후, 이 프로그램을 통해 다시 역사책을 만드는 일에 기여하게 되어 조금이나마 꿈이 이루어진 것 같아 기쁘게 이 글을 씁니다.

(염리초5 추민재)

여기 소개된 친구들 외에도 공윤배, 김근아, 김민서, 김서현, 명여진, 성동진, 이현아, 장유준, 하지영, 하태영 어린이도 참여했습니다.

# 이렇게 구성했어요!

### 프롤로그

그림 또는 간단한 글로 단원의 주제를 한눈에 보여 줍니다.
친구나 가족, 선생님과 함께 살펴보고 앞으로 생각하게 될
주제에 관해 이야기를 나눠 보세요.

### 생각 한 걸음

해당 단원의 핵심 내용을 충분히 숙지하고 있는지 간단히
되짚어 보고 점검하는 단계입니다. 《한국사 편지》를 읽어
보았거나 한국사를 공부하는 친구들이라면 쉽게 대답할
수 있는 간단한 질문들입니다.

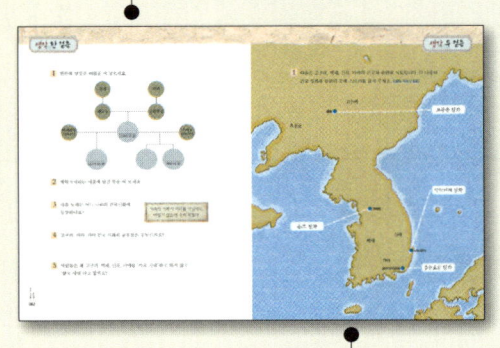

### 생각 두 걸음

유물과 유적, 지도 등 구체적인 시각 자료를 보며 역사를 입체적으로
이해하는 단계입니다. 지도를 활용해서 지리적인 위치를 파악하거나
유물과 유적을 살펴보며 그 시대의 상황을 유추해 볼 수 있습니다.

### 깊이 생각하기

역사적 사실에 대해 스스로 생각해 보는 단계입니다. 특정 시대의
사건, 제도, 상황을 살피며 앞뒤의 인과관계를 파악하고, 자신의
이야기로 재해석해 보기도 합니다.

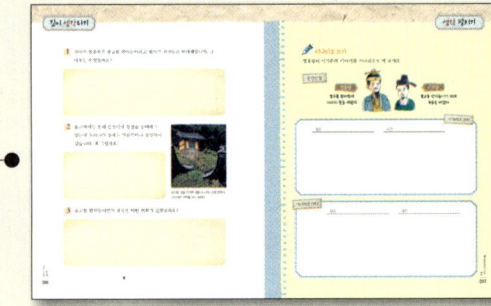

### 생각 펼치기

역사적 사실에 대한 자신의 생각을 다양한 방식의 글로 써 보는 스토리텔링
단계입니다. 역사적 사실을 한 번 더 살피며 자신의 생각을 일기, 인터뷰,
편지, 시, 만화, 설명문, 논설문 등으로 정리해 표현해 봅니다.

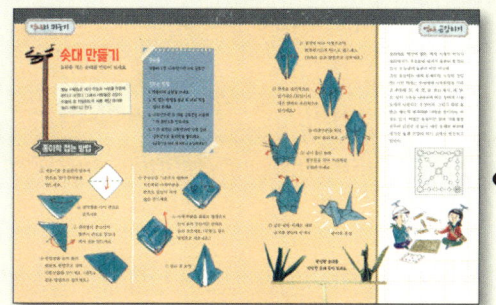

### 역사와 뛰놀기

다양한 활동과 놀이를 통해 역사 인식을 체화하는 단계입니다.
만들기와 그리기, 보드게임 등 흥미진진한 놀이가 기다리고 있습니다.

### 역사 공감하기

사고력과 공감력을 확장시키는 단계입니다.
가벼운 마음으로 읽어 보면서 단원을 마무리하고
과거, 현재, 미래를 생각해 봅니다.

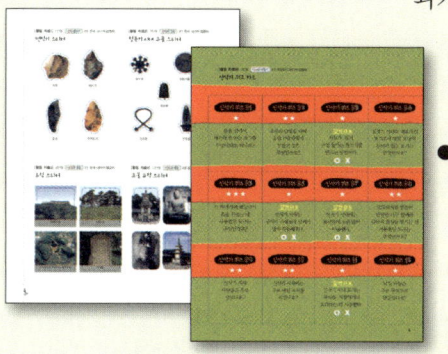

### 활동 자료

각 단원에 필요한 자료입니다.
해당 자료의 번호와 페이지를
확인해서 바로 오려 활용하세요.

### 지침서

어떤 답변이 나올 수 있는지 확인할 수 있는 지침서입니다.
책의 맨 뒤에 있으니 필요에 따라 분리해서 사용할 수 있습니다.

## 이렇게 활용해 보세요!

### 어린이들에게

- 《한국사 편지 생각책》은 《한국사 편지》를 옆에 놓고 함께 보면서 진행하면 더 쉽고 재미있어요.
- 《한국사 편지 생각책》을 시작하기 전에 먼저 《한국사 편지》의 해당 단원을 읽으세요.
- 색칠하거나 만드는 활동들이 있으므로 가까운 곳에 색연필, 사인펜, 가위, 풀 등을 준비해 주세요. 다양한 활동 자료는 혼자서도 활용할 수 있지만 친구나 가족과 함께 해도 재미있습니다.
- 지침서에는 《한국사 편지 생각책》을 먼저 공부한 어린이들의 다양한 답이 실려 있습니다. 문제를 푼 뒤 다른 어린이들의 생각을 살펴보는 것도 재미있습니다.

### 부모님과 선생님에게

- 부모님 또는 선생님이 어린이와 함께 《한국사 편지 생각책》을 읽으며 서로의 생각을 나눠 보세요. 역사적 사건이나 시대를 상상해 보는 질문은 정해진 답이 없을 수 있어요. 어린이들이 풍부한 상상력으로 다양하게 답할 수 있도록 유도해 주세요.
- 한 번에 너무 많은 양을 하다 보면 지치고 흥미가 떨어질 수 있어요. 어린이가 즐겁게 활동할 수 있는 범위 내에서 수업을 진행해 주세요.
- 지침서에는 각 단원의 학습목표를 표시했으니 지도시 참고해 주세요.

차례

머리말 박은봉 선생님의 이야기
생각샘 선생님들의 이야기
이런 점이 특별해요!
이렇게 구성했어요!

### 01
우리나라에는 언제부터
사람이 살았을까?   010

- 생각 펼치기  구석기 시대 일기 쓰기
- 역사와 뛰놀기  발바닥 도장 찍기

### 02
신석기 시대 사람들은
어떻게 살았을까?   020

- 생각 펼치기  신석기 인물 인터뷰하기
- 역사와 뛰놀기  보드게임하기(신석기 시대 퀴즈)

### 03
청동기 시대와
최초의 나라, 고조선   030

- 생각 펼치기  다섯 손가락에 문장 쓰기
- 역사와 뛰놀기  청동기 무늬 디자인하기

### 04
고조선 사람들은
어떻게 살았을까?   040

- 생각 펼치기  고조선 범금 8조 쓰기
- 역사와 뛰놀기  농경무늬 청동기 만들기

### 05
고조선 다음에는
어떤 나라들이 있었을까?   050

- 생각 펼치기  옥저 건국 신화 쓰기
- 역사와 뛰놀기  솟대 만들기

### 06
삼국과 가야의
건국 이야기   060

- 생각 펼치기  주몽에게 편지 쓰기
- 역사와 뛰놀기  활 만들기

### 07
동북아시아를 주름잡은
파워 고구려   070

- 생각 펼치기  장수왕 비문 쓰기
- 역사와 뛰놀기  조우관 만들기

**08**
### 세련된 문화의 나라, 백제    080
- 생각 펼치기   나제 동맹서 쓰기
- 역사와 뛰놀기   백제 금동 대향로 색칠하기

**09**
### 삼국 문화의 키워드, 불교   090
- 생각 펼치기   시나리오 쓰기
- 역사와 뛰놀기   동영상 찍어 보기

**10**
### 삼국 시대 사람들은 어떻게 살았을까?   100
- 생각 펼치기   네 컷 만화 그리기
- 역사와 뛰놀기   토우 만들기

**11**
### 신라는 어떻게 통일을 하였을까?   110
- 생각 펼치기   낭도 모집 안내문 쓰기
- 역사와 뛰놀기   보드게임하기(신라 통일 퀴즈)

**12**
### 골품의 나라, 신라   120
- 생각 펼치기   향가 배경 이야기 쓰기
- 역사와 뛰놀기   팝업북 만들기

**13**
### 신비의 나라, 발해   130
- 생각 펼치기   발해 소개하는 글쓰기
- 역사와 뛰놀기   정효 공주 무덤 벽화 색칠하기

활동 자료

책 속 별책   지침서

## 01
# 우리나라에는 언제부터 사람이 살았을까?

## 생각 한 걸음

1 우리는 무엇을 통해 원시 시대 사람들의 모습과 생활을 알 수 있나요?

2 '남쪽 원숭이'라는 뜻으로 아프리카에서 발견된 사람의 조상 화석은 무엇인가요?

3 사람의 먼 조상이 오늘날과 같은 사람이 되어 가는 첫 번째 중요한 변화는 무엇이었을까요?

4 돌로 도구를 만들어 쓰던 시대를 무슨 시대라고 하나요?

5 구석기 시대 사람들은 주로 어디에서 살았나요?

6 집 주변의 산과 개천에서 먹을 수 있는 것을 모으는 일을 무엇이라고 하나요?

## 생각 두 걸음

**1** 다음은 사람이 지구에 처음 등장해서 전 세계로 퍼져 나간 모습을 나타낸 지도입니다.

❶ 사람이 처음 등장한 지역에 동그라미 하세요.
❷ 화살표를 따라 사람이 이동한 길을 그리세요.

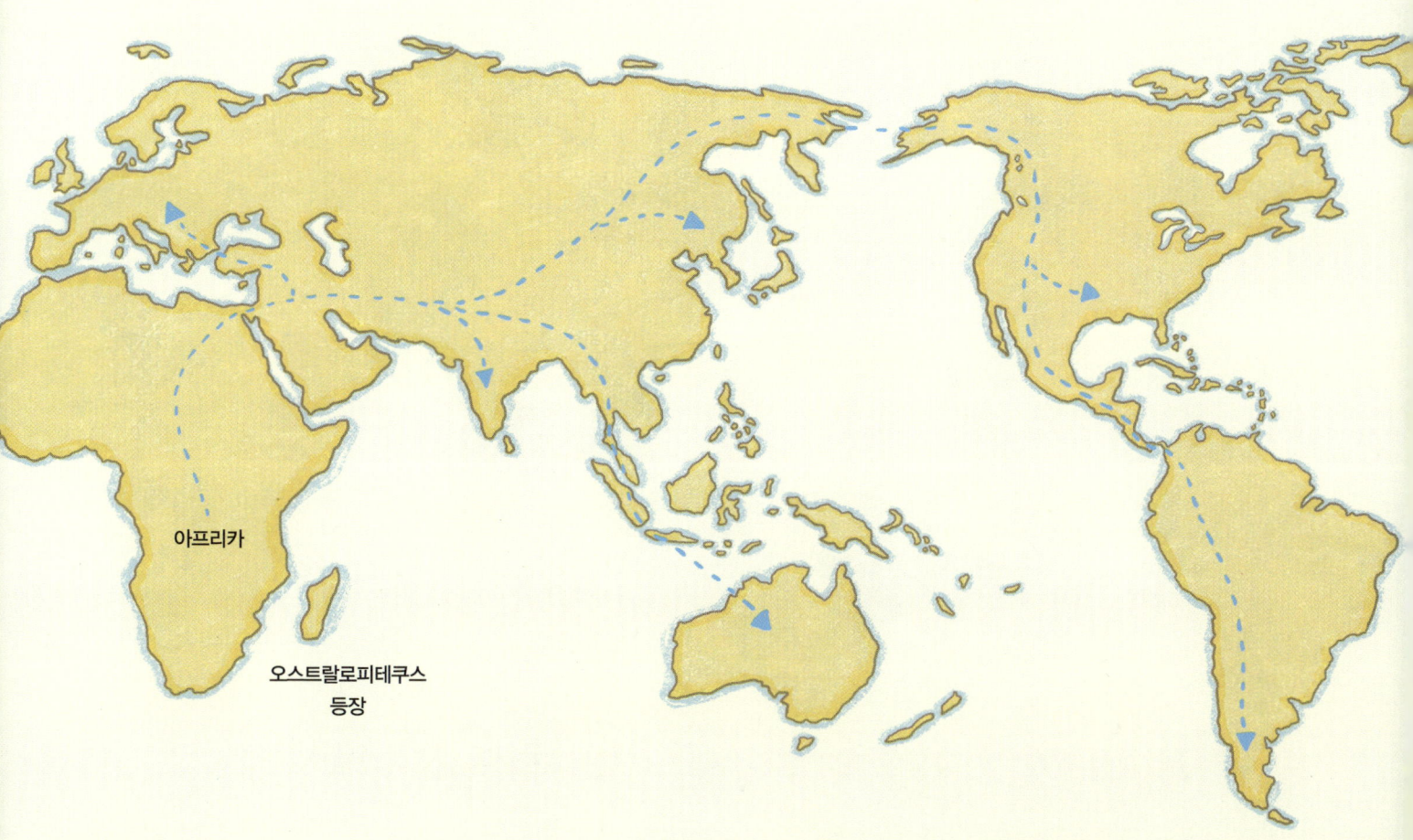

2 다음은 구석기 시대 사람들이 도구를 만드는 모습을 상상해서 그린 그림입니다. 그림을 보고 어떻게 도구를 만들었는지 이야기해 보세요.

3 구석기 시대 사람들이 위와 같은 방법으로 만든 도구를 무엇이라고 부르나요?

**4** 다음은 뗀석기를 사용하는 모습을 상상한 그림입니다. 사용 방법에 맞게 뗀석기 스티커를 붙여 보세요. ([활동 자료1] 활용)

## 깊이 생각하기

**1** 네 발로 걷다가 두 발로 걷게 되면서 인류에게 어떤 변화가 생겼을까요?

**2** 구석기 시대 사람들은 불을 이용해서 무엇을 했나요?

**3** 구석기 시대 사람들은 왜 돌로 도구를 만들었을까요?

## 생각 펼치기

 구석기 시대 일기 쓰기

구석기 시대 어린이가 되어 하루 동안 있었던 일을 일기로 써 보세요.

제목:                                              날씨:

### 역사와 뛰놀기

# 발바닥 도장 찍기

발바닥 도장을 찍어 보고, 나의 발바닥 모양을 자세히 관찰해 보세요.

**준비물**
발 도장을 찍을 수 있는 물감

**방법**
1. 물감을 발바닥에 골고루 묻히세요.
2. 오른쪽 빈 곳에 발바닥 도장을 찍으세요. (힘을 주어 꾹 눌러 찍으세요.)

1. 내 발바닥의 생김새에 관해 이야기를 나눠 보세요.

2. 내 발바닥 모습과 다른 동물의 발바닥 모습을 보고, 같은 점과 다른 점을 이야기해 보세요.

### 역사 공감하기

상상해 봐. 사냥하러 가기 전날 밤, 구석기 시대 사람들은 무엇을 했을까? 동굴 속 벽화 앞에서 춤추고 노래하며 소원을 빌지 않았을까? 모닥불에 비친 벽화 속 동물들은 살아서 꿈틀거리는 것처럼 보였을 거야.
사람들은 진짜 사냥을 하듯이 동물에게 창을 겨누고 던졌겠지. 그러면서 어른들은 사냥에 대한 자신감을 키우고, 아이들은 사냥하는 방법을 익혔을 거야.
구석기 시대 사람들에게 동물은 사냥의 대상이기도 하고 숭배의 대상이기도 했어.

〈쇼베 동굴 벽화〉 프랑스에서 발견된 동굴 벽화

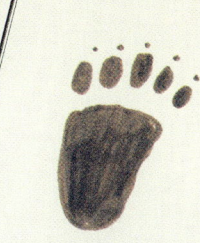
곰 발바닥

오랑우탄 발바닥

개 발바닥

코끼리 발바닥

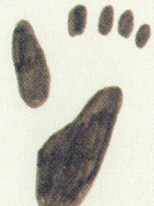
고릴라 발바닥

## 02
# 신석기 시대 사람들은 어떻게 살았을까?

## 생각 한 걸음

**1** 신석기 시대 사람들은 주로 어디에서 살았나요?

**2** 신석기 시대의 대표적인 토기는 무엇인가요?

**3** 신석기 시대 사람들은 어떤 옷을 입었나요?

**4** 먹을 것을 찾아 이동하지 않고, 한곳에 머물러 사는 생활을 무엇이라고 하나요?

**5** 신석기 시대에 농사짓기와 함께 시작된 모든 변화를 무엇이라고 하나요?

**6** 구석기 시대보다 신석기 시대에 먹을거리가 풍부해진 이유는 무엇일까요?

## 생각 두 걸음

**1** 다음 유물을 보고 알 수 있는 것을 이야기해 보세요.

뗀석기를 만드는 방법

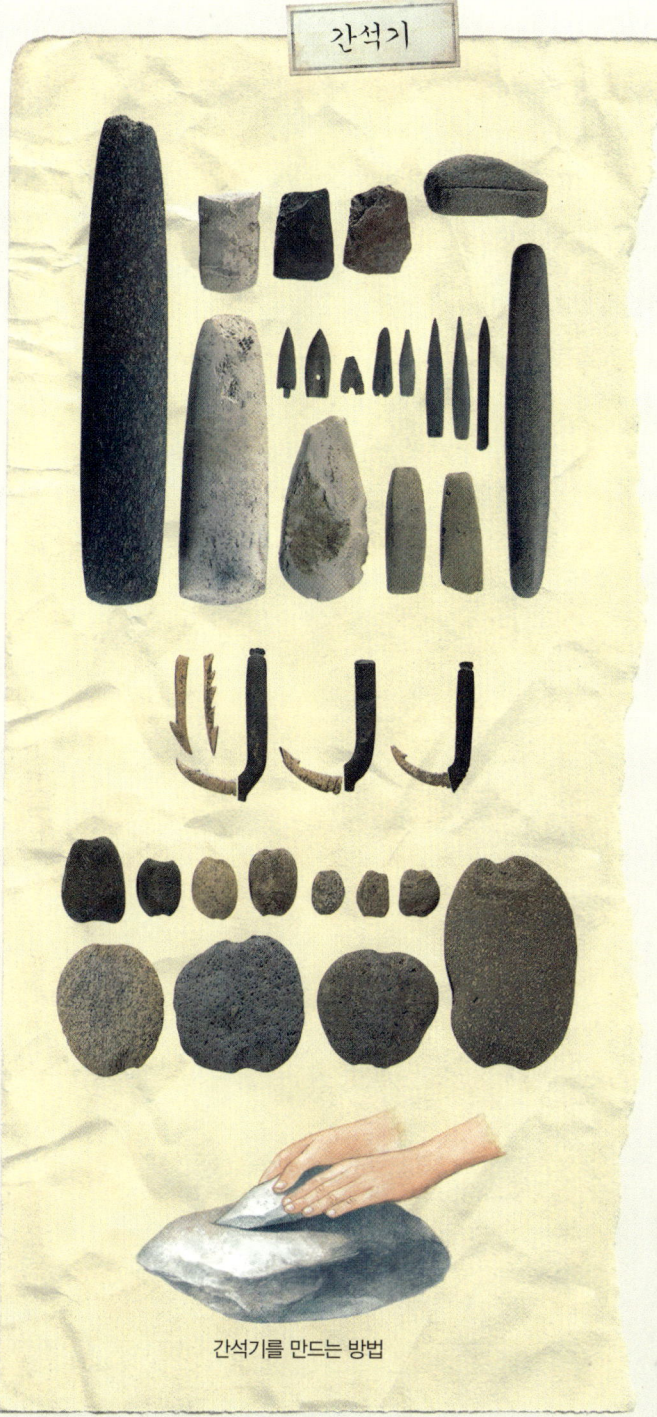

간석기를 만드는 방법

**2** 다음은 울산 반구대 암각화입니다. 무엇이 그려져 있는지 이야기해 보세요.

울산 반구대 암각화는 울산 태화강 상류에 있는 거대한 바위벽에 새겨져 있다. (□표시 부분) 근처에 댐이 건설된 뒤부터 물에 잠겼다가 물이 마르면 모습을 드러냈다 하기를 반복하고 있어서 그 훼손이 심각한 문제가 되고 있다.

**3** 다음 그림에서 목축을 하는 모습을 찾아서 각각 동그라미해 보세요.

**4** 당시 사람들은 왜 이런 그림을 그렸을까요?

## 깊이 생각하기

**1** 신석기 시대 사람들은 농사를 잘 짓기 위해 무엇이 필요했을까요?

**2** 신석기 시대 사람들이 농사를 짓기 시작하면서 사람들의 생활은 어떻게 달라졌을까요?

**3** 농사 기술이 발달하면서 먹고 남을 만큼 식량이 충분해졌어요. 신석기 시대 사람들은 남은 곡식을 어떻게 했을까요?

## 생각 펼치기

 **신석기 인물 인터뷰하기**

신석기 시대를 빛낸 인물을 인터뷰해 봅시다. 쑥키워 씨, 최고집 씨, 잘길러 씨 중 한 명을 선택해서 인터뷰 내용을 써 보세요.

쑥키워 씨

최고집 씨

잘길러 씨

## 역사와 뛰놀기

# 보드게임하기

게임을 하며 신석기 시대 사람들의 생활을 알아봅시다.

**준비물**
- 게임 말 : 바둑알이나 공깃돌, 지우개 등 작은 소품.
- 게임 카드 : [활동 자료9] '신석기 퀴즈' 카드를 활용하세요.

**게임 방법**
1. 게임 말로 사용할 물건을 준비하세요.
2. 카드를 오려서 잘 섞은 후 뒤집어 놓으세요.
3. 가위, 바위, 보를 해서 이긴 사람이 먼저 시작하세요.
4. 카드를 뒤집어 문제의 답을 맞히면 카드에 있는 별의 수만큼 칸을 옮기세요.
5. 게임판에서 조개 가면 🐚 에 도착하면 다음 한 번은 쉬세요.
6. 먼저 도착하는 사람이 이깁니다.

## 역사 공감하기

"라면에 식초를 넣었더니 면이 탱탱해져서 아주 맛있어요."
어느 날, 라면을 끓이면서 너는 이렇게 말했어.
신석기 시대 사람들도 자신만의 요리법을 갖고 있지 않았을까? 강에서 잡은 조개나 물고기로 자신만의 요리법을 발휘하여 근사한 음식을 만들어 내지 않았을까?
자기가 끓인 라면이 제일 맛있다고 자랑하듯이, 신석기 시대 사람들도 옹기종기 모여 앉아 자기가 만든 조개요리가 더 맛있다고 침 튀기며 자랑했을지 몰라. 신석기 시대와 오늘날의 요리법은 다를지라도 한 가지는 똑같을 것 같구나. 맛있는 음식 앞에서는 오로지 먹는 데만 집중하는 모습 말이야.

출발 도착

# 03
# 청동기 시대와 최초의 나라, 고조선

## 생각 한 걸음

1 청동기 시대에는 어떤 사람이 지배자가 되었나요?

2 청동기 시대 지배자의 막강한 힘을 상징했던 물건은 무엇인가요?

3 쇳물을 부어 원하는 물건을 만들어 내는 틀을 무엇이라고 하나요?

4 우리 조상이 세운 첫 나라의 이름은 무엇인가요?

5 나라를 세운 과정을 담은 신비한 이야기를 무엇이라고 하나요?

6 '단군왕검'에서 '단군'과 '왕검'의 뜻을 각각 써 보세요.

## 생각 두 걸음

**1** 다음은 세계 곳곳의 거석문화 유적입니다. 이 유적들을 만들기 위해 무엇이 필요했을지 이야기해 보세요.

영국의 스톤헨지

중국의 석붕

한국의 고인돌

프랑스의 선돌

인도의 거석 무덤

이스터 섬의 석상

**2** 다음 그림을 보고 고인돌을 만드는 과정을 설명해 보세요.

**3** 다음은 청동기 시대 제사장의 모습입니다. 알맞은 위치에 유물 스티커를 붙여 보세요. ([활동 자료2] 활용)

## 깊이 생각하기

**1** 단군신화에서 나라를 세운 이야기를 신비롭게 표현한 이유는 무엇일까요?

| 단군신화 | 단군신화에 담긴 뜻 |
|---|---|
| 환웅이 바람, 비, 구름을 다스리는 신하를 거느렸다. | 당시 사람들이 농사를 중요하게 생각했다는 것을 알 수 있다. |
| 환웅이 하늘에서 내려왔다. | 환웅은 새로 나타난 지배자이거나, 새로 나타난 지배 집단의 대표자를 뜻한다. |
| 환웅과 웅녀가 결혼했다. | 환웅 집단과 곰을 섬기는 집단의 결합을 뜻한다. |
| 단군왕검은 1908세까지 살다가 산신이 되었다. | 여러 명의 단군왕검이 대를 이어 다스렸다는 것을 뜻한다. |

**2** 청동기 시대의 지배자는 어떤 일을 했을까요?

**3** 고조선은 청동기 시대에 세워졌어요. 왜 이 시기에 국가가 세워졌을까요?

생각 펼치기

 **다섯 손가락에 문장 쓰기**

다섯 손가락에 국가를 세우기 위해 필요한 것들을 각각 한 문장씩 써 보세요.

국가

## 역사와 뛰놀기

# 청동기 무늬 디자인하기

다음 그림은 여러 가지 청동기에서 볼 수 있는 무늬입니다.
이 무늬를 참고해서 청동 거울과 간두령을 자유롭게 디자인해 보세요.

### 역사 공감하기

너의 국적은 어디니?
아마 이 책을 보고 있는 어린이들은 대부분 대한민국이 국적이겠지? 국적이란 한 사람이 어떤 나라의 구성원이라는 것을 뜻해. 그런데 국적이 없다면 어떻게 될까?
〈터미널〉이라는 영화의 주인공은 비행기를 타고 미국으로 가는 동안 자기 나라에 쿠데타가 일어나 정부가 사라졌어. 그러면서 생각지 못한 어려움에 부딪혔단다. 주인공의 여권을 발급해 준 정부가 사라지는 바람에 주인공은 일시적으로 국적 불명인 상태가 된 거야. 국적을 증명할 길이 없게 된 주인공은 오도 가도 못하는 신세가 되어 공항에서 9개월을 살아야 했어. 국적이 확실치 않으면 마음대로 해외여행을 할 수 없다는 사실, 놀랍지 않니?
지금으로부터 약 4천 년 전에 세워진 국가 고조선. 당시 사람들은 국가에 대해 어떤 생각을 하고 있었을까? 고조선이라는 나라의 구성원이라는 것을 느끼고 있었을까? 아무래도 지금과는 좀 다르겠지?

## 04
# 고조선 사람들은 어떻게 살았을까?

## 생각 한 걸음

1 철기가 들어오기 전, 고조선 사람들은 농사에 필요한 농기구를 무엇으로 만들었나요?

2 빗살무늬 토기보다 단단하고 무늬가 없는 고조선 시대의 대표적인 토기를 무엇이라고 하나요?

3 고조선 시대에 집의 한쪽 부분에만 온돌을 깔았던 난방법을 무엇이라고 하나요?

4 뱃사공의 아내였던 여옥이 지은 노래의 제목은 무엇인가요?

5 고조선을 멸망시키고, 고조선 땅에 4개의 군(낙랑, 진번, 임둔, 현도)을 두었던 나라의 이름은 무엇인가요?

6 고조선의 본래 이름은 '조선'이에요. 그런데 우리는 왜 고조선이라고 부를까요?

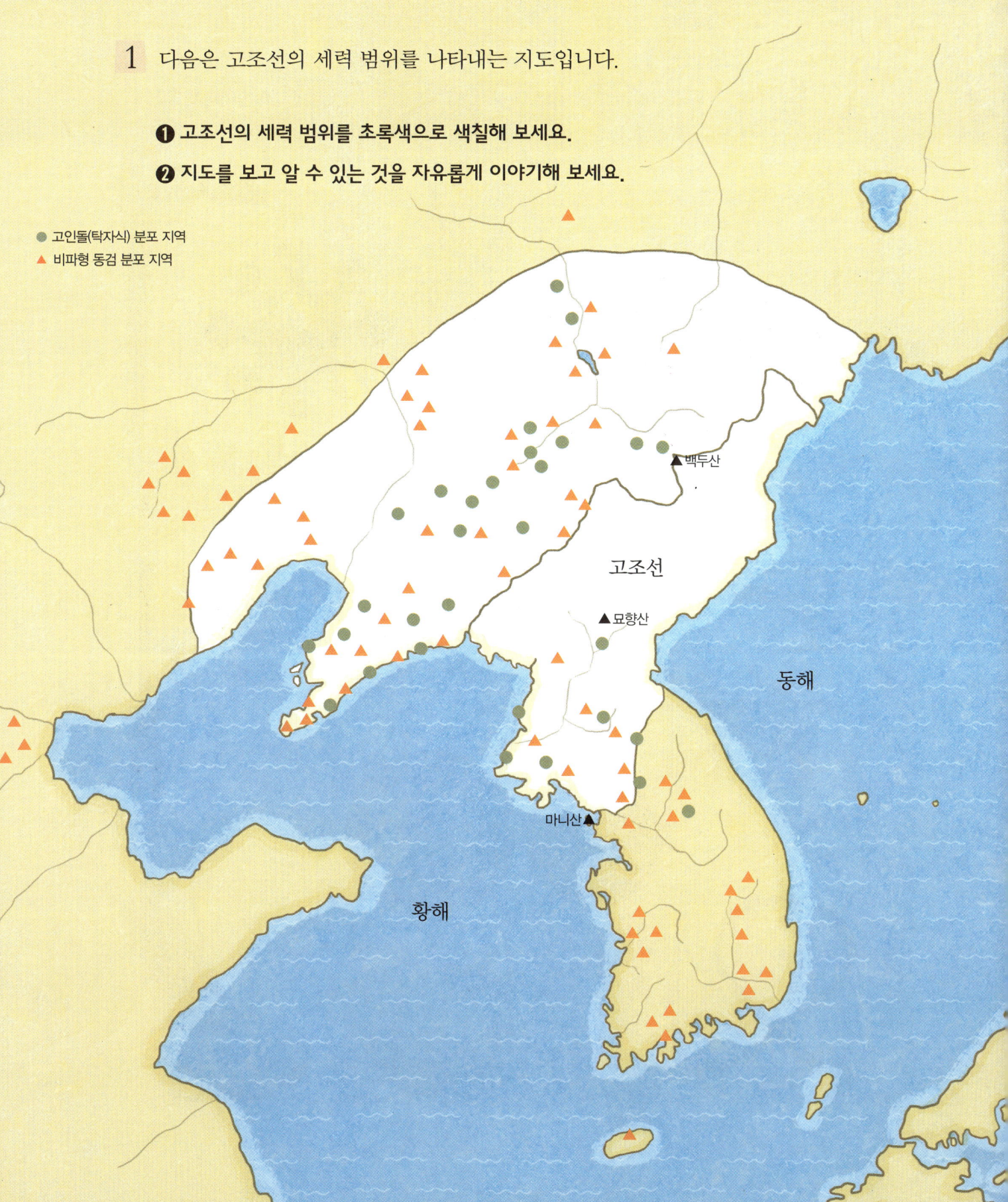

**2** 다음은 고조선 시대에 사용했던 도구들입니다. 도구를 살펴보고 오른쪽의 사람들은 각각 어떤 도구를 사용했을지 적당한 것을 골라 도구의 이름을 써 보세요.

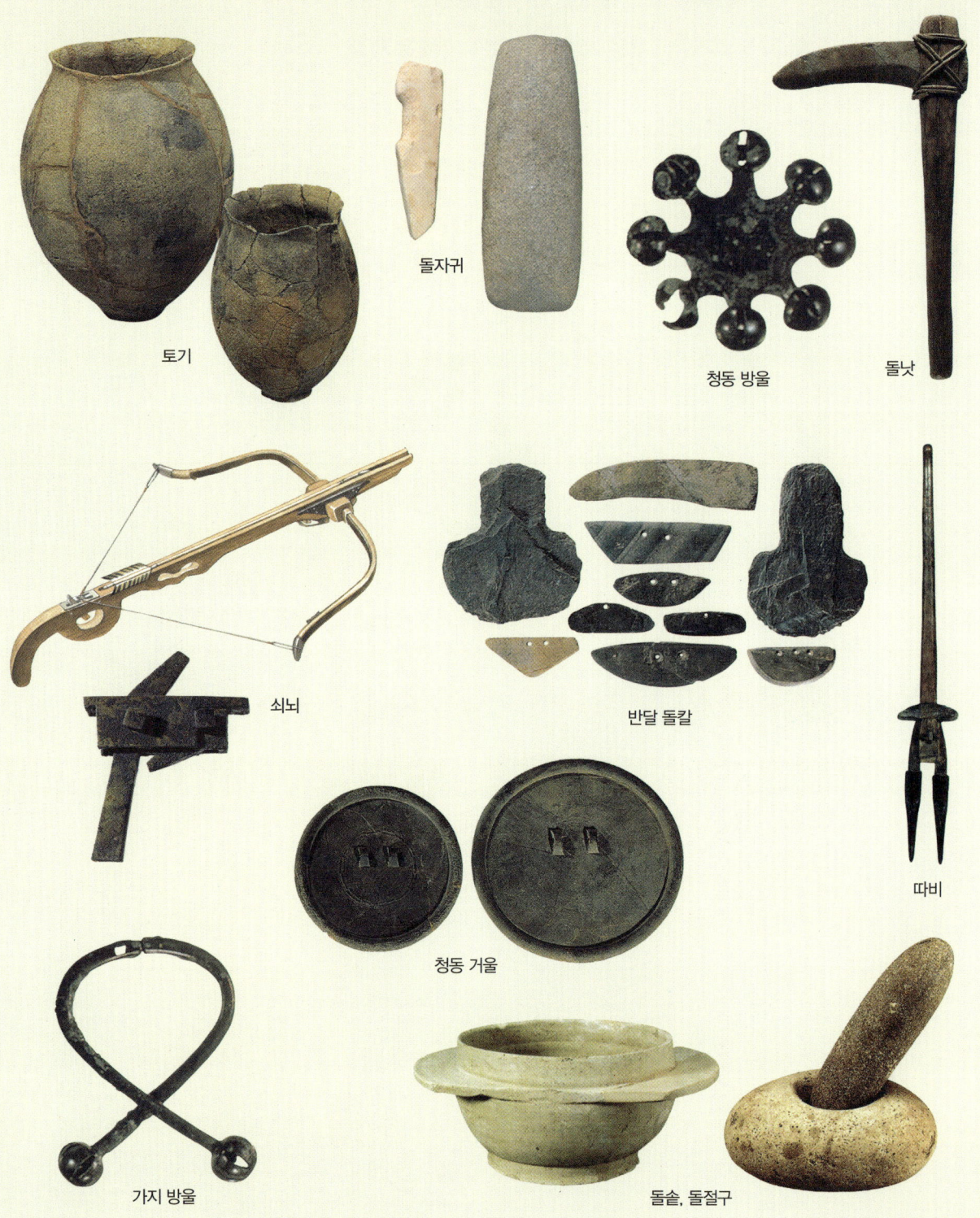

**3** 위 사람들 중 한 사람을 골라 그 도구를 사용하고 있는 모습을 이야기해 보세요.

## 깊이 생각하기

**1** 고조선이 강한 나라가 될 수 있었던 이유는 무엇이라고 생각하나요? 나의 생각을 말풍선에 써 보세요.

고조선은 한나라와 남쪽의 여러 나라 사이에서 중계 무역을 통해 많은 이익을 남겼어. 그래서 강한 나라가 된 거야.

**2** 강성했던 고조선은 왜 멸망했을까요?

**3** 고조선이 멸망한 후 고조선 사람들은 어떻게 되었을까요?

## 생각 펼치기

 **고조선 범금 8조 쓰기**

범금 8조의 나머지 조목 중 세 가지를 상상해서 쓰고 그 이유를 설명해 보세요.

> 범금 8조는 고조선의 법이다. 중국 역사책 《한서》 지리지에 기록되어 있으며 여덟 가지 조목 중 세 가지 조목만 전해진다.

### 고조선 범금 8조

- 사람을 죽인 자는 사형에 처한다.
- 남을 다치게 한 자는 곡식으로 갚아야 한다.
- 도둑질을 한 자는 도둑맞은 집의 노비로 삼는다. 이때 노비를 면하려면 50만의 돈을 내야 한다.

**조목:**

**이유:**

**조목:**

**이유:**

**조목:**

**이유:**

역사와 뛰놀기

# 농경무늬 청동기 만들기

농경무늬 청동기로 띠를 만들어 목이나 허리에 걸어 보세요.

농경무늬 청동기는 농사짓는 사람의 모습이 새겨져 있어서 농경무늬 청동기라고 부른다.

### 준비물
두꺼운 도화지, 구멍을 뚫을 수 있는 도구, 허리둘레보다 긴 끈, 가위

### 만드는 방법
1. 농경무늬 청동기 본에 그림을 그려 꾸며 주세요. ([활동 자료5] 활용)
2. 농경무늬 청동기 본을 잘라 두꺼운 도화지에 풀로 붙이세요.
3. 본을 따라 가위로 오리세요.
4. 윗부분에 구멍을 뚫어 주세요.
5. 구멍에 끈을 넣은 후 허리나 목에 걸어 보세요.

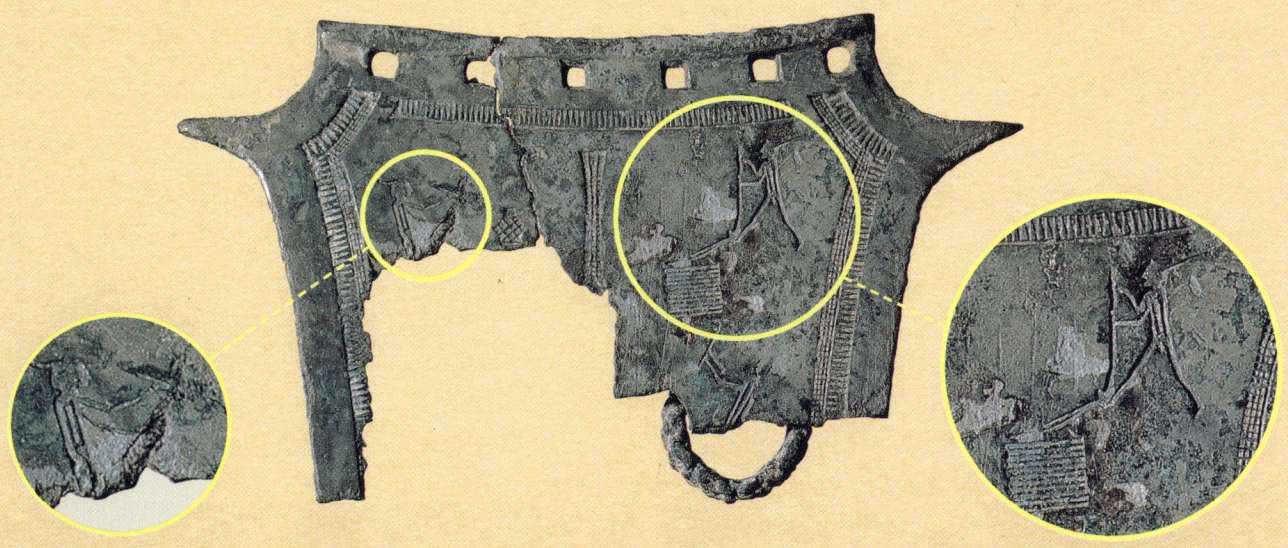

괭이를 든 사람                                      따비로 밭을 가는 사람

나뭇가지 끝에 앉은 새

## 역사 공감하기

대장장이 남자가 있었어. 마을 사람들은 너도나도 그에게 농기구를 만들어 달라고 부탁했어. 마을에 한 명밖에 없는 대장장이인 남자는 쉴 새 없이 일했어. 쇠를 뜨거운 불에 달굴 때면 이마에서 굵은 땀방울이 뚝뚝 떨어졌어. 달구어진 쇠를 망치로 탕탕 내리치는 일은 여간 고된 것이 아니었지. 하지만 남자는 자기 일이 매우 자랑스러웠어. 자기가 만든 농기구로 쓱쓱 곡식을 베어서 배불리 먹는 이웃들을 보는 것이 즐거웠기 때문이야.

코끝이 찡할 만큼 찬바람이 불던 날, 변함없이 망치를 두드리던 남자의 귀에 사람들이 웅성거리는 소리가 들렸어. 한나라 군사들이 쳐들어왔다는 거야. 군사의 수가 세도 세도 끝이 없다고 했어. 사람들은 대장장이에게 농기구 말고 무기를 만들라고 했어. 마을을 지키려면 칼과 창 같은 무기가 필요하다고 말이야. 그날부터 대장장이는 무기를 만들었어. 쉬지 않고 만들었지만, 사람들은 더 많이 만들라고 했어. 그런데 대장장이는 예전처럼 즐겁지 않았어. 자기가 만든 칼과 창이 어떻게 쓰이는지 알고 있었기 때문이야.

마침내 전쟁이 끝났어. 수많은 사람들이 죽고 다쳤으며 마을을 떠났어. 이제 대장장이는 망치질을 하지 않아. 버려진 땅에 씨앗을 심으며, 다시는 볼 수 없는 이웃들을 그리워할 뿐이야.

## 05
# 고조선 다음에는 어떤 나라들이 있었을까?

## 생각 한 걸음

1 고조선 다음에는 어떤 나라들이 생겨났나요?

2 고조선 다음의 나라들은 어느 책을 통해 알 수 있나요?

3 부여는 높은 관리의 이름에 무엇의 이름을 따서 붙였나요?

4 옥저의 결혼 풍습인 민며느리제를 설명해 보세요.

5 단궁과 과하마로 유명한 나라는 어디인가요?

6 한반도 남쪽에 살던 삼한 사람들은 넓은 평야와 강을 이용해 무엇을 했나요?

### 생각 두 걸음

**1** 다음은 고조선 이후 등장한 나라들을 나타낸 지도입니다. 각 나라의 이름에 동그라미 하세요.

**2** 다음은 부여, 동예, 옥저, 삼한 지역의 유물과 유적입니다. 유물과 유적을 보고 당시 사람들의 생활을 상상하여 자유롭게 이야기해 보세요.

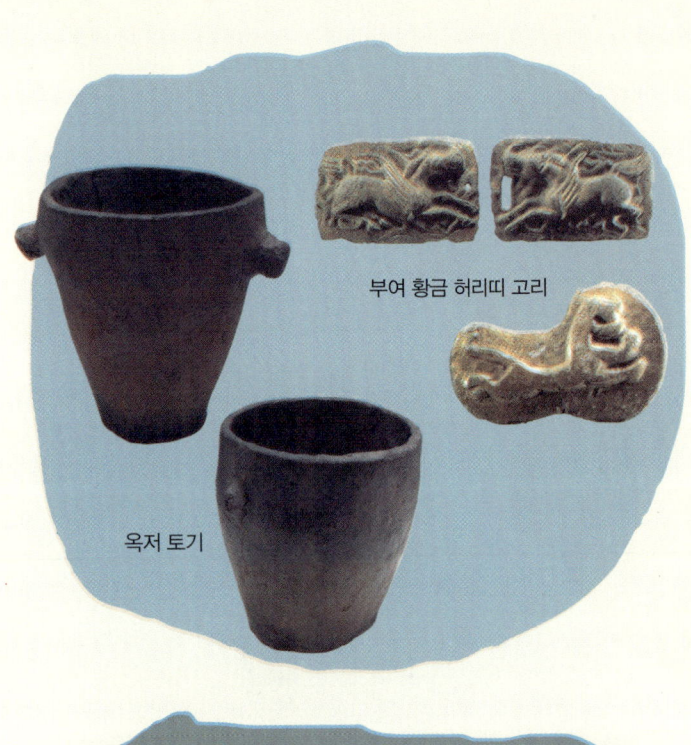

부여 황금 허리띠 고리
옥저 토기

동예 목걸이
동예 지역 쇠항아리

삼한 지역 철제 농기구
삼한 지역 저수지, 의림지
삼한 지역 청동 허리띠 고리
삼한 지역 저수지, 벽골제

### 깊이 생각하기

**1** 다음의 나라들은 하늘에 제사를 드리는 제천행사를 지냈습니다. 왜 제천행사를 지냈을까요?

#### 부여
12월에 '영고'라는 제사를 지냈다. 영고는 '둥둥둥 북을 울리면서 신을 맞이한다.'는 뜻이다.

#### 고구려
10월에 '동맹'이라는 제사를 지냈다. 이때 나무로 만든 주몽상과 유화부인상에 절을 올렸다.

#### 동예
10월에 '무천'이라는 제사를 지냈다. 무천은 '하늘을 향해 춤춘다.'라는 뜻이다.

#### 삼한
씨 뿌리고 난 뒤인 5월과 추수하고 난 뒤인 10월에 제사를 지냈다.

**2** 다음을 읽고 알 수 있는 세 나라의 공통점은 무엇인가요?

### 부여
부여를 세운 사람은 동명이다. 동명의 이야기는 알에서 태어난 것, 활을 잘 쏘는 것, 남쪽으로 도망쳐 나라를 세운 것 등 고구려를 세운 주몽의 이야기와 거의 똑같다.

### 동예
동예는 언어와 풍습이 고구려와 비슷했고, 활과 말은 중국까지 소문이 날 만큼 유명했다.
동예의 활은 '단궁'이라고 했는데, 크기는 작지만 탄력이 좋아서 멀리까지 날아갔다.

### 옥저
옥저는 음식, 옷, 예절, 사람들의 용감하고 강직한 성품까지 고구려와 비슷했다.

**3** 옥저, 동예 등의 나라는 강한 나라로 성장하지 못했습니다. 강한 나라로 성장하기 위해서는 무엇이 필요할까요?

## 생각 펼치기

### 옥저 건국 신화 쓰기

다음 글을 읽고 옥저의 건국 신화를 자유롭게 상상해서 써 보세요.

> 옥저는 함경도의 해안 지방에 있었던 나라이다.
> 바다 근처에 있어서 해산물과 소금이 많이 났다.
> 결혼 풍습으로는 민며느리제가 있었다.

### 역사와 뛰놀기

# 솟대 만들기

소원을 적은 솟대를 만들어 보세요.

옛날 사람들은 새가 하늘과 사람을 연결해 준다고 여겼다. 그래서 사람들은 소망이 하늘에 잘 전달되도록 새를 매단 솟대를 높이 세웠다고 한다.

**준비물**
색종이 2장, 나무젓가락 2개, 글루건

**만드는 방법**
1. 색종이에 소원을 쓰세요.
2. 학 접는 방법을 보고 두 마리 학을 접어 보세요.
3. 나무젓가락 두 개를 글루건을 이용해 T 자 모양으로 만드세요.
4. T 자 모양의 나무젓가락 양쪽 끝에 글루건으로 종이학을 붙이세요.
(글루건은 매우 뜨거우니 조심하세요!)

## 종이학 접는 방법

① 색종이를 중심선에 맞추어 반으로 접어 삼각형을 만드세요.

② 삼각형을 다시 반으로 접으세요.

③ 삼각형의 중심선에 맞추어 반으로 접었다 펴서 선을 만드세요.

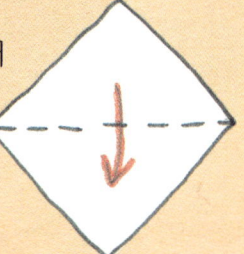

④ 중심선을 들어 올려 화살표 방향으로 접어 마름모꼴을 만드세요. (뒤쪽도 같은 방법으로 접으세요.)

⑤ 중심선을 기준으로 왼쪽과 오른쪽의 아랫부분을 반으로 접었다 펴서 선을 만드세요.

⑥ 아랫 부분을 화살표 방향으로 들어 올려 만들어진 선대로 눌러 접으세요. (뒤쪽도 같은 방법으로 접으세요.)

⑦ 접은 후 모양

⑧ 점선에 따라 아랫부분이 뾰족해지도록 안으로 접으세요. (뒤쪽도 같은 방법으로 접으세요.)

⑨ 한쪽을 오른쪽으로 넘기세요.(뒤집어서 다른 한쪽도 오른쪽으로 넘기세요.)

⑩ 아랫부분을 위로 접어 올리세요.

⑪ 접어 올린 한쪽 윗부분을 꺾어 부리처럼 구부려 주세요.

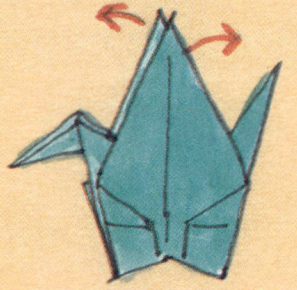

⑫ 넓은 면을 아래로 내려 날개를 만들어 주세요.

종이학 완성

완성된 솟대를 적당한 곳에 꽂아 보세요.

## 역사 공감하기

전라북도 익산에 있는 백제 시대의 미륵사 절터에서는 주춧돌에 새겨진 윷판이 발견되었어. 오늘날의 윷판과 아주 비슷해.
그럼 윷놀이는 대체 언제부터 시작된 것일까? 어떤 학자는 부여에서 시작되었을 거라고 주장해. 도, 개, 걸, 윷, 모는 돼지, 개, 양, 소, 말의 가축을 나타내며 이는 부여의 사출도에서 나왔다는 주장이지. 그런가 하면 윷판은 하늘의 별자리를 나타낸 것이라는 주장도 있어. 어쨌든 윷놀이는 삼국 시대 훨씬 전부터 있었던 것 같아. 아주 오래된 바위에 새겨진 윷판 모양이 여러 곳에서 발견되고 있단다.

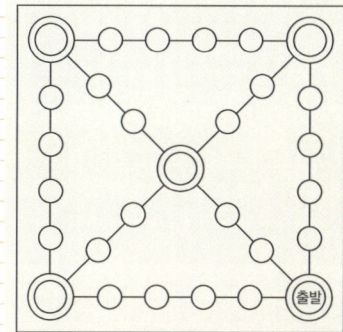

## 06
# 삼국과 가야의 건국 이야기

## 활쏘기의 달인 주몽

아버지 : 하늘의 왕자 해모수
어머니 : 물의 신 하백의 딸 유화

| 국가 | 무기 | 장점 | 조력자 |
|---|---|---|---|
| 고구려 | 활 | 리더십 | 오이, 마리, 협보 |

## 새로운 땅을 찾아나선 온조

아버지 : 고구려를 세운 주몽
어머니 : 졸본의 여장부 소서노

| 국가 | 형 | 장점 | 조력자 |
|---|---|---|---|
| 백제 | 비류 | 결단력 | 오간, 마려 |

## 우물가에서 알로 태어난 박혁거세

부인 : 용의 옆구리에서 태어난 알영

| 국가 | 조력자 | 신비한 죽음 |
|---|---|---|
| 신라 | 아진의선 | 하늘로 올라갔다가 7일 만에 몸이 땅으로 떨어짐 |

## 여섯 개의 알 중 으뜸 김수로

부인 : 아유타국의 공주 허황옥

| 국가 | 특기 | 애창곡 | 조력자 |
|---|---|---|---|
| 가야 | 변신술 | 구지가 | 구도간 |

## 생각 한 걸음

**1** 빈칸에 알맞은 이름을 써 넣으세요.

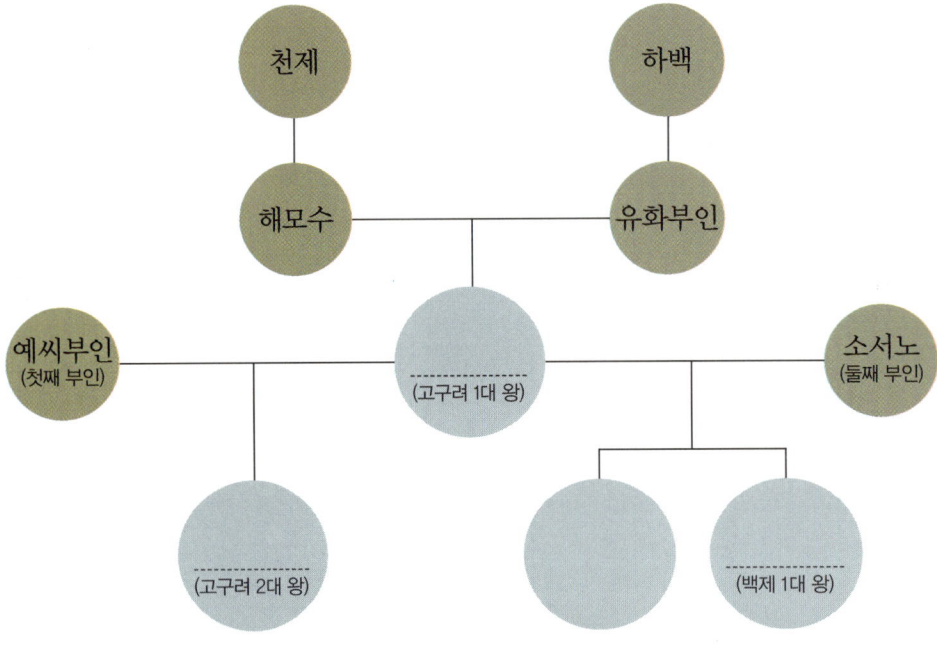

**2** 박혁거세라는 이름에 담긴 뜻을 써 보세요.

**3** 다음 노래는 어느 나라의 건국 신화에 등장하나요?

> 거북아 거북아 머리를 내밀어라.
> 내밀지 않으면 구워 먹겠다.

**4** 고구려, 신라, 가야 건국 신화의 공통점은 무엇인가요?

**5** 사람들은 왜 고구려, 백제, 신라, 가야가 있었던 시기를 '사국 시대'라고 하지 않고 '삼국 시대'라고 할까요?

**2** 다음 한자를 따라 쓰면서 나라의 이름에 담긴 속뜻을 생각해 보세요.
(단, 고구려와 가야는 한자의 뜻을 사용하지 않고 소리만 빌려온 글자입니다.)

### 고구려
뜻 : 큰 고을, 높은 성

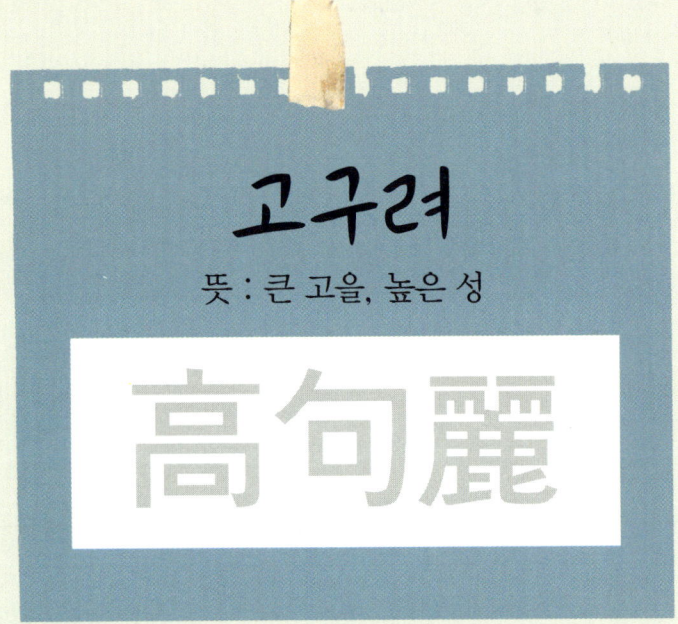

### 백제
뜻 : 백성들이 즐겁게 따랐다.

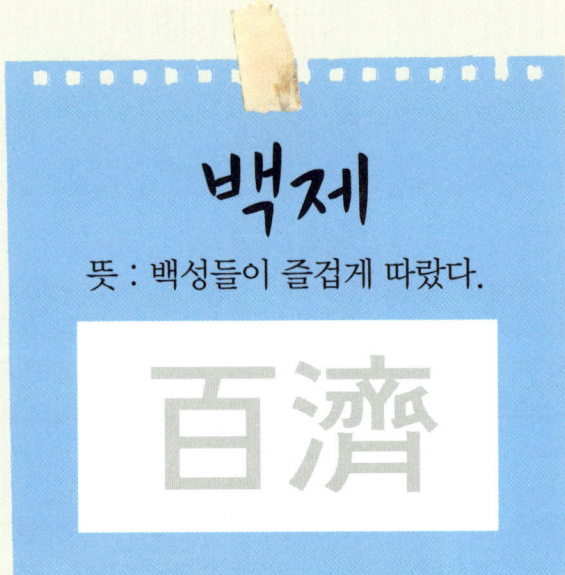

### 신라
뜻 : 덕업을 날로 새롭게 하여 사방을 망라한다.

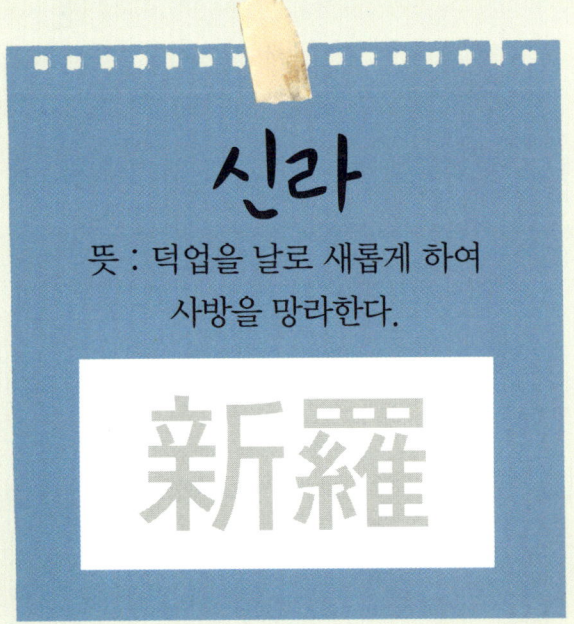

### 가야
뜻 : 신의 나라, 큰 나라, 강, 겨레

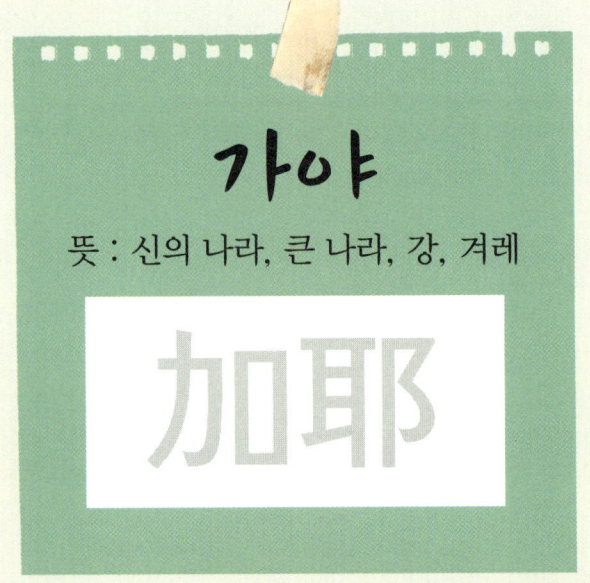

**3** 다음 유물은 가야의 토기입니다. 어떻게 사용했을지 상상해 보세요.

수레바퀴 모양 토기

사슴 토우가 붙은 토기

집 모양 토기

짚신 모양 토기

오리 모양 토기

말 탄 무사 모양 토기

## 깊이 생각하기

**1** 고구려, 신라, 가야를 세운 사람은 모두 알에서 태어났다고 전해집니다. 왜 알에서 태어났다고 했을까요?

**2** 가야를 '철의 나라'라고 부르는 이유는 무엇일까요?

**3** 삼국 시대는 '전쟁의 시대'라고 불릴 만큼 전쟁이 잦았습니다. 삼국은 왜 이렇게 많은 전쟁을 했을까요?

## 생각 펼치기

 **주몽에게 편지 쓰기**

다음 글을 읽고 소서노, 비류, 온조 중 한 명이 되어 주몽에게 보내는 편지를 써 보세요.

> 주몽은 동부여에서 온 아들 유리를 태자로 삼았다. 그러자 소서노와 비류, 온조는 새로운 나라를 세우기 위해 남쪽으로 떠났다.

### 역사와 뛰놀기

# 활 만들기

우리 조상들은 활을 잘 다루었어요. 생활용품을 이용해 활을 만들어 보세요.

**준비물**
옷걸이 1개, 긴 고무줄,
나무젓가락 1개,
테이프, 휴지

사람이나 깨질 수 있는 물건을 향해 쏘면 위험해요.

## 활 만드는 방법

① 옷걸이의 아래쪽 직선 부분을 안쪽으로 휘어 활 모양을 만드세요.

이 부분에 화살을 올려 놓고 쏘면 더 잘 날아가요.

② 옷걸이의 고리 부분을 반대 방향으로 휘어 넣으세요.

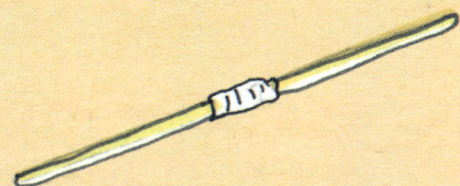

③ 나무젓가락을 둘로 쪼개고 테이프를 이용해 길게 연결하세요.

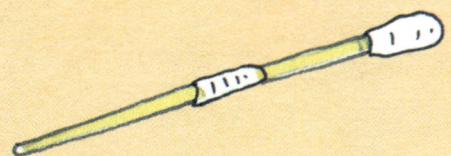

④ 나무젓가락 한쪽 끝을 휴지로 감싸고 테이프로 잘 고정하세요. (안전사고를 막기 위한 것이니 꼭 지켜 주세요.)

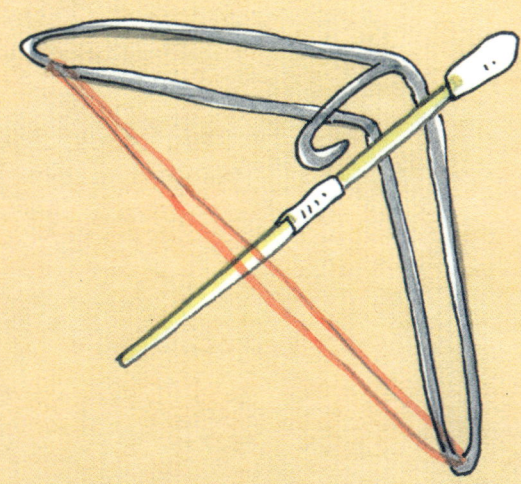

⑤ 긴 고무줄을 옷걸이 양 끝에 묶어 고정해서 활시위를 만드세요.

## 역사 공감하기

삼국과 가야는 왕이 나라를 다스렸어. 요즘은 나라마다 다르긴 하지만 대부분 대통령이나 수상이 국민을 대표해서 나랏일을 맡아본단다. 우리나라도 대통령이 국민을 대표해서 나랏일을 맡아보고 있어.
왕은 통치하는 기간이 따로 정해져 있지 않아서 오랫동안 국가를 다스릴 수 있었어. 그러나 오늘날의 대통령은 법으로 통치 기간이 정해져 있어. 또 대통령의 권한도 법으로 정해져 있지.
시대가 바뀌면서 왕은 지금의 대통령으로 변화되었어. 그 역할과 힘도 달라졌지. 자, 그럼 미래에는 어떻게 변화하게 될까?

## 07 동북아시아를 주름잡은 파워 고구려

## 생각 한 걸음

1. 고구려의 전성기를 이끈 두 왕은 누구인가요?

2. 장수왕은 수도를 국내성에서 어디로 옮겼나요?

3. 신라와 백제가 고구려에 대항하기 위해 맺은 동맹은 무엇인가요?

4. 삼국이 서로 차지하려고 치열한 경쟁을 벌인 곳은 어디인가요?

5. 수나라와 고구려의 전쟁에서 을지문덕 장군이 크게 이긴 전투의 이름은 무엇인가요?

6. 성주 양만춘의 지휘 아래 88일 만에 당나라 군사들을 물리친 성은 어디인가요?

## 생각 두 걸음

**1** 다음은 고구려 전성기 때의 지도입니다.

❶ 고구려의 국경선을 빨간색으로 따라 그려 보세요.
❷ 광개토 대왕의 진출 방향을 파란색, 장수왕의 진출 방향을 초록색 화살표로 표시해 보세요.
❸ 국내성과 평양성에 동그라미 하고, 수도 이전을 화살표로 표시해 보세요.

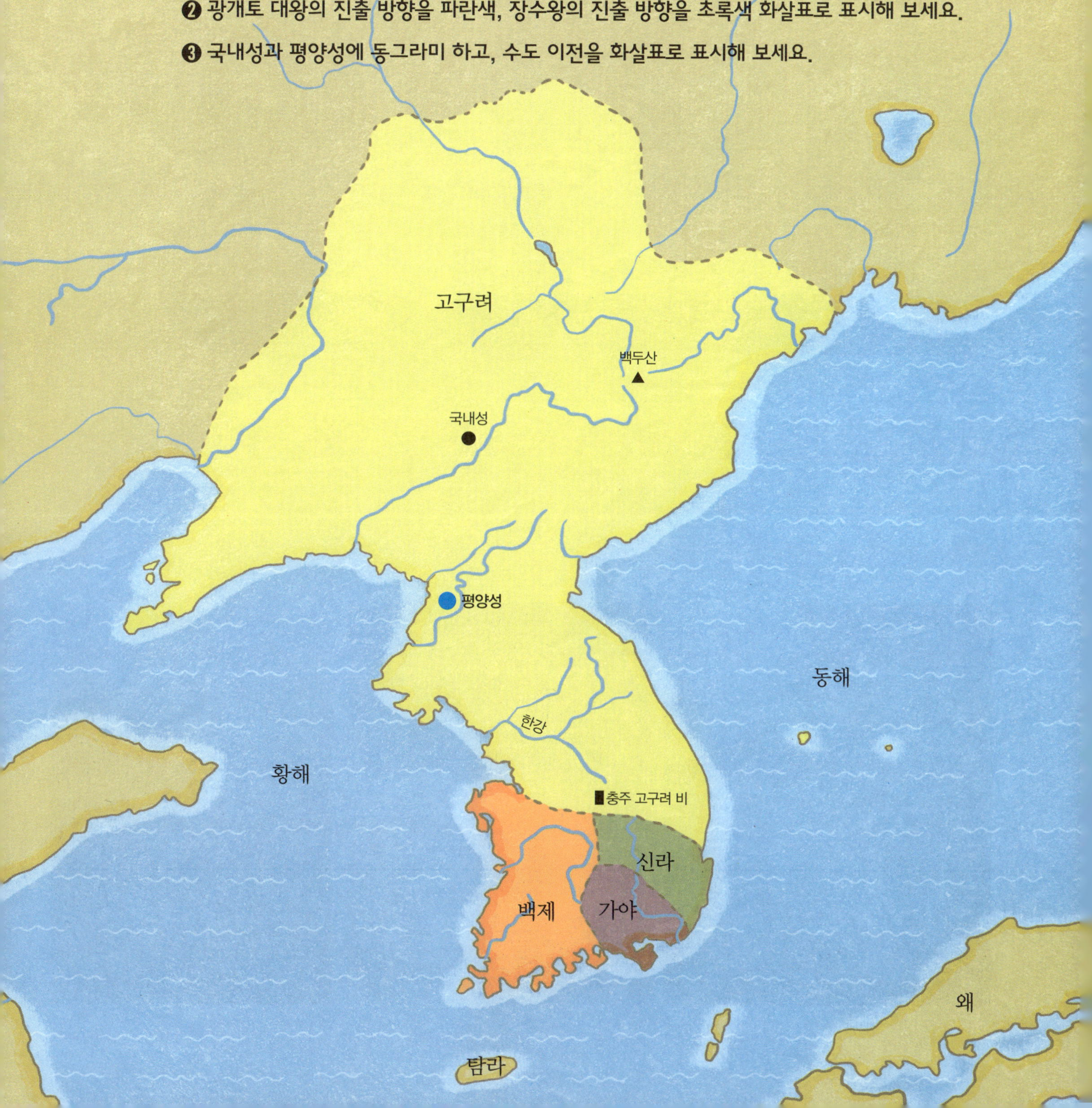

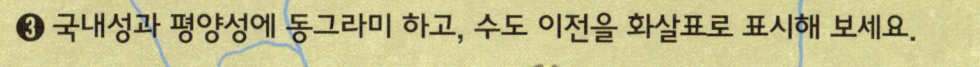

2 다음은 한강의 남쪽에서 발견된 고구려의 유물과 유적입니다. 한강의 남쪽에서 고구려의 유물과 유적이 발견되는 이유는 무엇일까요?

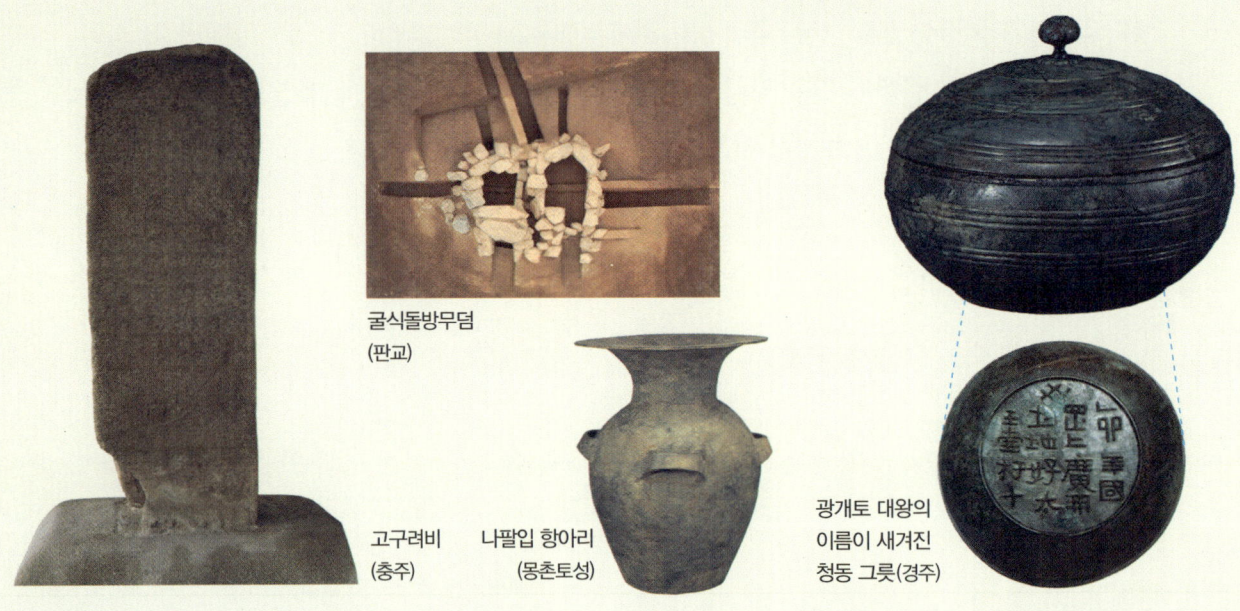

굴식돌방무덤 (판교)

고구려비 (충주)

나팔입 항아리 (몽촌토성)

광개토 대왕의 이름이 새겨진 청동 그릇(경주)

3 다음 고구려의 벽화와 유적을 보고 고구려가 전쟁에서 어떻게 싸웠을지 이야기해 보세요.

안악 3호분 벽화

평양성    덕흥리 고분 벽화

대성산성

## 깊이 생각하기

**1** 소수림왕은 광개토 대왕과 장수왕이 전성기를 이루는 데 어떤 도움을 주었을까요?

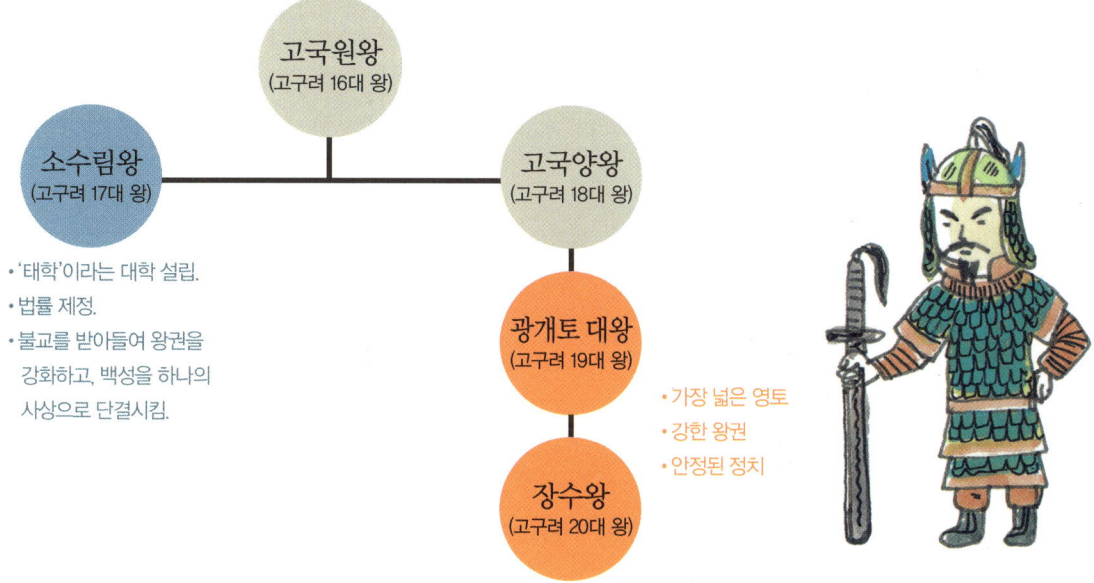

2 다음 글과 지도를 보고 고구려와 수·당이 여러 번 전쟁을 한 이유를 생각해 보세요.

- 6세기 후반 수나라가 중국을 통일하고 새로운 강자로 등장했다.
- 수나라와 그 뒤를 이은 당나라는 중국을 동아시아의 중심으로 생각하며 주변 국가들이 복종하기를 원했다. 그러나 고구려는 그들의 세력 아래에 들어가는 것에 반대하며 수·당나라와 맞섰다.

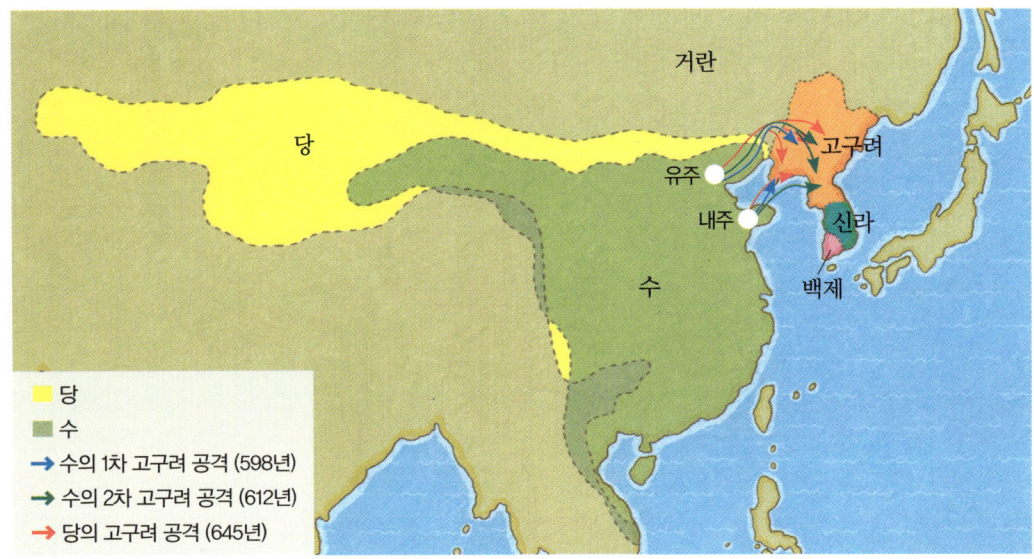

3 살수대첩, 안시성 싸움 같은 여러 전쟁을 겪으면서 고구려 사람들은 어떤 생각을 했을까요?

## 생각 펼치기

###  장수왕 비문 쓰기

장수왕의 연표를 읽고 비문을 써 보세요.

★ 고구려 광개토 대왕릉비의 내용을 참고하세요.

★ 비문은 세로로 쓰고 띄어쓰기는 하지 않아요.

**광개토 대왕릉비의 주요 내용**

옛날에 시조 추모왕이 있었는데 알에서 태어났다.
광개토 대왕은 18세에 왕이 되었고, 영락 대왕이라 불렸다. 나라는 부강하고, 백성은 풍요롭고 오곡이 풍성하였다. 백제의 왕이 남녀 천 명과 세포 천 필을 바쳤다. 신라가 왜의 침략에 도움을 청하자 군사 5만 명을 보내 신라를 구했다. 국강상광개토경평안호태왕은 39세에 세상을 떠났다.

**장수왕의 업적**

413년 고구려 제20대 왕으로 즉위
414년 광개토왕비 건립
427년 평양 천도
436년 북연 왕, 고구려에 투항
462년 북위와 외교
468년 신라 실직주성 공격
475년 백제 한성 함락, 개로왕을 죽임
480년 남제와 외교, 충주 고구려비 건립
481년 신라 7성 함락
491년 98세에 세상을 떠남

장수왕은

## 역사와 뛰놀기

# 조우관 만들기

삼국 시대 관리들이 썼던 조우관을 만들어 보세요.

조우관이란 깃털을 꽂아 장식한 삼국 시대 관리들의 모자를 말한다. 작은 모자 양옆에 깃털을 꽂고, 줄을 매어 턱 밑에서 묶어 썼다고 한다.

### 준비물
조우관 본[활동 자료기], 가위, 풀, 테이프, 사인펜, 고무줄, 구멍 뚫는 도구

### 만드는 방법
1. 사인펜으로 조우관과 깃털을 멋지게 꾸며 주세요. ([활동 자료기] 활용)
2. 조우관의 본을 오려서 양 끝에 풀칠을 해서 붙여 주세요.
3. 테이프를 이용하여 조우관의 양옆에 깃털을 붙여 주세요.
4. 구멍을 뚫어 고무줄을 연결하고 머리 위에 써 보세요.

## 역사 공감하기

> 전쟁이 없는 평화로운 시기에는 평성에서 살면서 각자 농사를 짓고 장사를 하며 자유롭게 지내라. 단, 전쟁을 알리는 뿔피리 소리가 들리면 가지고 있는 모든 곡식을 챙겨 산성으로 지체 없이 모이거라. 산성에는 백성들이 쉬고 먹을 수 있는 시설이 갖추어 있으니 걱정하지 말라.

고구려는 수많은 전쟁을 겪으면서 백성들을 보호하기 위해 다양한 방법을 생각했을 거야. 그중 하나가 산성과 평성을 하나의 짝으로 만든 것이란다.

고구려 사람들은 전쟁이 없을 때는 평지에 있는 성 안에서 농사짓고 장사도 하며 일상생활을 하고, 전쟁이 났을 때는 산성으로 피해 나라의 보호를 받는 동시에 군사가 되어 나라를 지키곤 했어.

## 08
# 세련된 문화의 나라, 백제

아니 이건 연꽃!

봉황이네!

이건 뭐지? 도깨비인가?

이야~ 한 폭의 산수화 같다!

백제 사람들은 벽돌을 단지 집 짓는 재료로 생각한 것이 아니라 예술품으로 여긴 것 같아. 작은 벽돌 하나에서도 백제 사람들의 예술 감각을 느낄 수 있어.

## 생각 한 걸음

1 백제의 도읍지인 위례성으로 생각되는 곳을 모두 써 보세요.

2 고구려에게 한성을 빼앗기고 죽임을 당한 백제 왕은 누구인가요?

3 백제는 고구려의 공격을 받고 수도를 한성에서 어디로 옮겼나요?

4 백제를 다시 한 번 일으키기 위해 노력한 두 왕은 누구인가요?

5 성왕이 사비로 수도를 옮기고 힘을 키운 다음 고구려로부터 되찾은 곳은 어디인가요?

6 백제에서는 다양한 분야의 전문가를 무엇이라고 불렀나요?

## 생각 두 걸음

**1** 다음은 백제의 유물입니다. 유물들이 어떻게 쓰였을지 상상해서 이야기해 보세요.

**2** 다음은 백제의 전성기와 해외 교류를 나타낸 지도입니다.

❶ 백제의 영토를 주황색으로 색칠해 보세요.
❷ 백제와 교류한 국가나 지역의 이름에 동그라미 해 보세요.
❸ 지도를 보고 알 수 있는 것을 이야기해 보세요.

## 깊이 생각하기

1 다음 지도를 보고 백제에 어떤 변화가 있었는지 이야기해 보세요.

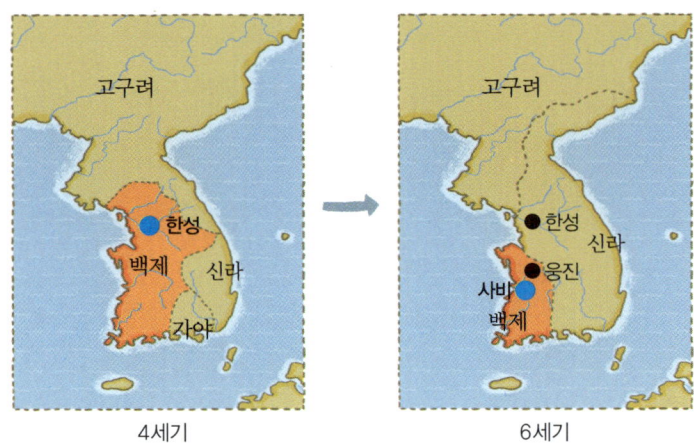

4세기 → 6세기

2 백제의 무령왕과 성왕은 왜 다음과 같은 노력을 했을까요?

### 무령왕
- 전국에 22담로를 두고 왕족을 보내 다스리게 했다. 유민들을 정착시키고, 농사를 짓게 했다.
- 흉년이 들어 백성들이 굶주리자 창고를 열어 곡식을 나누어 주기도 했다.
- 고구려의 수곡성을 공격했다.

### 성왕
- 웅진에서 사비로 수도를 옮겼다.
- 나라의 이름을 남부여로 바꾸었다.
- 신라와 연합군을 만들어 고구려를 공격해 한강 일대를 되찾았다.

3 백제의 문화와 예술이 발달할 수 있었던 이유는 무엇일까요?

## 생각 펼치기

### 나제 동맹서 쓰기

신라와 백제가 맺은 '나제 동맹'의 내용을 상상해서 써 보세요.

> 나제 동맹은 고구려 장수왕의 남진 정책에 위협을 느낀 신라와 백제가 맺은 동맹이다. 433년 신라 눌지왕과 백제 비유왕이 동맹을 맺었다.

**나제 동맹서**

### 역사와 뛰놀기

# 백제 금동 대향로 색칠하기

백제 금동 대향로에 새겨진 무늬를 자유롭게 색칠해 보세요.

> 백제 금동 대향로는 1993년 부여 능산리 절터에서 발견되었다. 봉황, 연꽃, 신선, 상상 속의 동물, 용의 모습을 볼 수 있다. 높이는 약 64cm, 지름은 약 20cm, 무게는 11.8kg이다.

## 역사 공감하기

무령왕릉은 백제 25대 왕인 무령왕과 왕비의 무덤이야. 왕과 왕비의 장신구를 비롯해 4600여 점의 유물이 발굴되었어.

무령왕릉은 1971년 7월 초 배수 시설을 공사하던 중 발견되었어. 발견 소식을 들은 구경꾼과 신문 기자들이 모여들어 발굴 현장은 아수라장이 되었어. 발굴 조사단은 결국 하룻밤 사이에 발굴을 끝내고 말았지. 제대로 발굴 작업을 했다면 몇 달은 걸렸을 텐데 말야. 당시 발굴 조사단은 큰 유물만 대충 챙기고 나머지는 삽으로 자루에 쓸어 담았다고 하는구나. 그러다 보니 유물의 위치도 제대로 살피지 못했어. 잃어버리거나 파손된 유물도 있었지. 당시 발굴에 참여했던 고고학자는 그때 일을 두고두고 후회했다고 해.

유물과 유적으로 옛사람들의 생활과 문화를 연구하는 학문을 고고학이라 하고, 그런 학문을 연구하는 사람을 고고학자라고 부른단다. 옛사람들의 흔적을 다루는 고고학자의 꿈을 키워 보는 것은 어떨까?

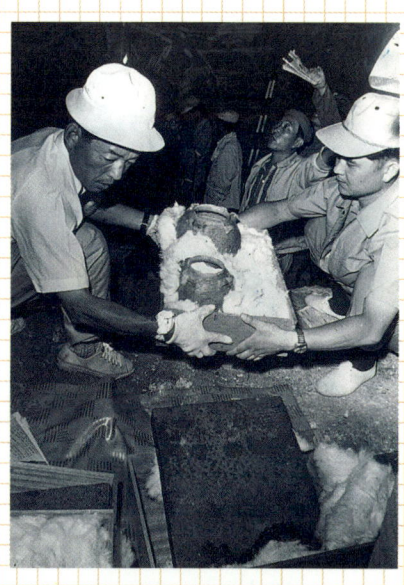

1971년 7월 무령왕릉 발굴 당시의 모습

# 09 삼국 문화의 키워드, 불교

## 생각 한 걸음

1 삼국 중에서 불교를 가장 늦게 인정한 나라는 어디인가요?

2 고구려와 백제는 각각 어느 나라에서 불교를 받아들였나요?

3 신라는 어느 왕 때 불교를 인정했나요?

4 삼국 시대 불교의 특징은 무엇인가요?

5 일본 호류사에 있는 불상과 공예품은 어느 나라 기술자들이 만들었나요?

6 백제에서 전해진 불교문화가 중심이 된 왜국의 문화를 무엇이라고 하나요?

# 생각 두 걸음

**1** 다음은 불교가 전해진 길을 나타낸 지도입니다.

❶ 불교가 시작된 곳에 동그라미 하세요.
❷ 육지로 전해진 길은 초록색으로 화살표를 따라 그려 보세요.
❸ 바다로 전해진 길은 빨간색으로 화살표를 따라 그려 보세요.

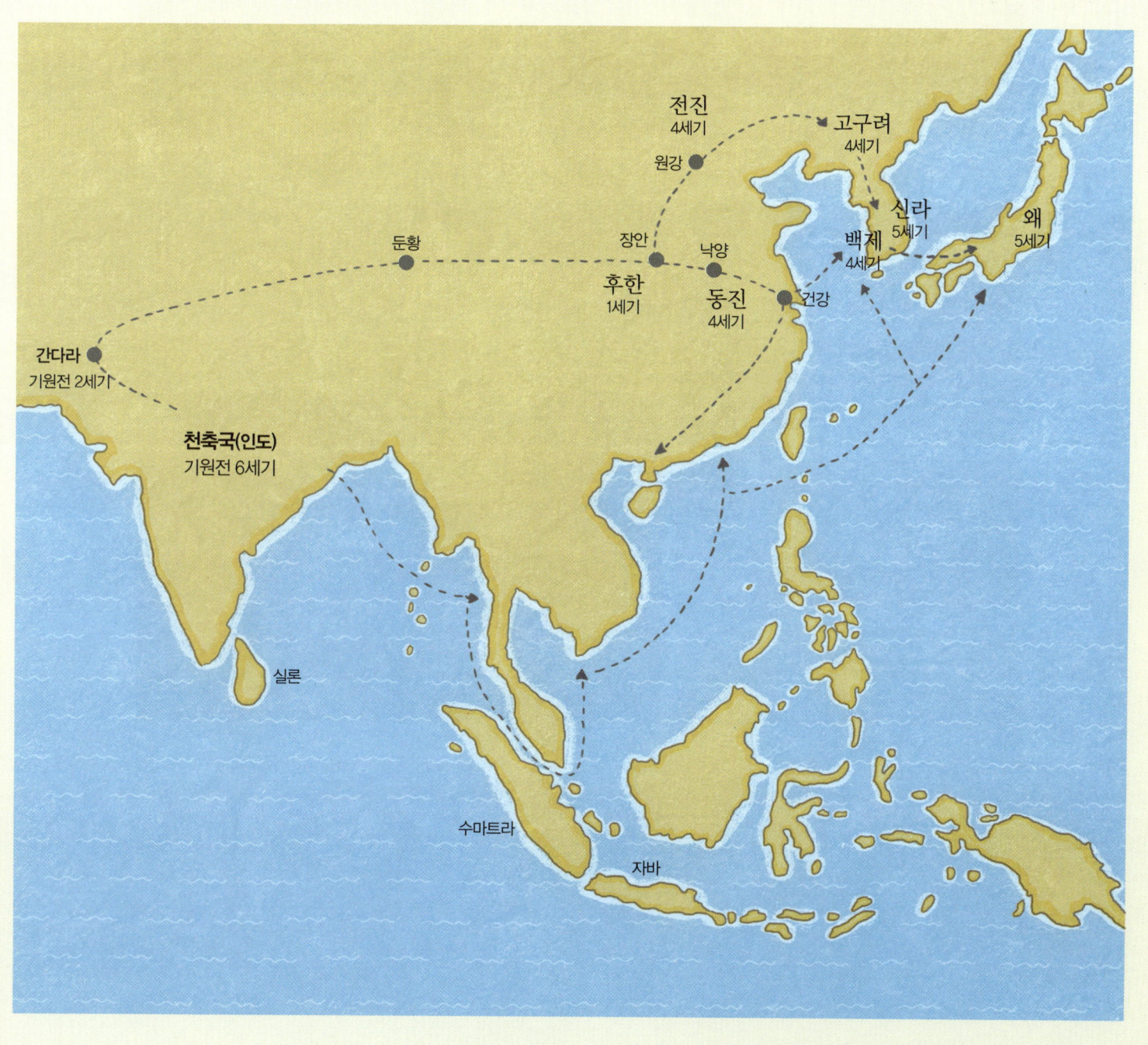

## 2  삼국은 왜 많은 절과 탑을 만들었을까요?

백제 미륵사 복원 모형

신라 황룡사 9층 목탑 복원 모형

고구려 정릉사 복원

3 다음 유물을 보고 알 수 있는 것은 무엇인가요?

금동 신발 (백제)

금동 신발 (일본)

금동 미륵보살 반가 사유상
(삼국 시대)

고류사 목조 미륵보살 반가 사유상
(일본)

수산리 고분 벽화 (고구려)

다카마쓰 고분 벽화 (일본)

## 깊이 생각하기

**1** 신라의 법흥왕은 불교를 받아들이려고 했지만 귀족들은 반대했습니다. 그 이유는 무엇일까요?

**2** 불교에서는 본래 산신이나 칠성을 숭배하지 않는데 우리나라 절에는 산신각이나 칠성각이 있습니다. 왜 그럴까요?

산신은 산을 지키며 산을 다스리는 신을 말한다. 산신각은 산신을 모신 집이다.

**3** 불교를 받아들이면서 삼국은 어떤 변화가 있었을까요?

## 생각 펼치기

 **시나리오 쓰기**

법흥왕과 이차돈의 이야기를 시나리오로 써 보세요.

등장인물

**법흥왕**
불교를 받아들여
나라의 틀을 세웠다

**이차돈**
불교를 받아들이기 위해
목숨을 바쳤다

**시나리오 S#1**

장소: _____  시간: _____

**시나리오 S#2**

장소: _____  시간: _____

## 역사와 뛰놀기

# 동영상 찍어 보기

생각 펼치기 에서 만든 시나리오로 연극하는 모습을 동영상으로 찍어 보세요.

### 준비물
동영상 촬영이 되는 카메라 또는 휴대 전화, 시나리오에 따른 등장인물 및 소품

### 방법
1. 시나리오에 따라 친구들 또는 가족과 함께 직접 연기를 하며 동영상을 찍어 보세요.
2. 다 찍은 동영상 파일을 온라인 카페 '한국사 편지 생각책'에 올려 주세요.

출판사 [책과함께어린이] 한국사 편지 생각책 카페
http://cafe.naver.com/cumlibro

## 역사 공감하기

성일이네 가족은 여름방학을 맞아 3박 4일 동안 산사 체험을 다녀왔어. 성일이는 산사 체험 때 매일 새벽 4시에 일어나 명상을 하는 것이 가장 힘들었다더라.

민아 엄마는 유명한 사찰 음식 전문점에서 모임을 가졌대. 연잎 밥과 콩고기 볶음, 삼색전, 무신채 김치 등을 먹고 후식으로 국화차를 마셨는데 담백한 맛이 참 좋았대.

성환이 아빠는 한 달 전 병원에서 운동 부족이라는 진단을 받고, 아침마다 30분씩 전신 운동에 좋은 108배를 시작하셨대. 시작한 지 한 달 만에 몸무게가 5kg이 빠졌다고 좋아하신대.

1700여 년 전 우리나라에 들어온 불교, 오늘날 생활문화의 하나로 새롭게 다가오고 있구나.

# 10
# 삼국 시대 사람들은 어떻게 살았을까?

# 삼국신문

## 고구려 젊은이들 힘겨루기
### 스포츠 스타 탄생 예감!

고구려 젊은이들이 무기를 사용하지 않고 맨손으로 결투를 벌였다. 한쪽이 재빠른 손놀림으로 가슴과 배를 공격하자, 상대방은 물러서는 척하며 허벅지와 볼기를 강하게 공격했다.

## 백제 기와 가마 오픈

### 최신식 설비 최고의 기술자

백제의 새로운 기와 가마 오픈식을 축하하기 위해 와박사를 비롯한 많은 박사가 참석했다. 기와의 대량 생산을 위해서 가마 세 기를 만들었고, 기와를 말리는 건조창도 크게 지었다. 기술자들은 흙을 다지는 시범을 보이며 재주를 뽐냈다. 참석한 사람들에게는 기념 선물로 연꽃무늬 수막새를 증정했다.

## 신라 부녀자들의 길쌈 대회

지는 편이 이긴 편에게 술과 음식 대접
진 편의 한 여인이 춤추며 〈회소곡〉 불러

## 최고의 명차
### 잘 달려 수레

남성용, 여성용, 짐 운반용 등 다양한 수레 보유
크고 두꺼운 바퀴에 쇠를 둘러 튼튼함을 더함
최고의 수레로 당신을 모십니다!

## 생각 한 걸음

1 삼국 시대에 사람들의 밥 짓는 방법은 이전과 어떻게 달라졌나요?

2 삼국 시대 사람들이 땅 위에 집을 지을 수 있었던 가장 큰 이유는 무엇인가요?

3 고구려에서는 결혼하려면 먼저 혼인 약속을 한 다음, 신부 측에서 집 뒤에 따로 집을 지었습니다. 이 집을 무엇이라고 하나요?

4 고구려에서는 결혼할 때 신랑 집에서 신부 집에 무엇을 주었나요?

5 혈통이나 집안, 재산, 권력 등에 따라 사람을 구분하여 층을 나누는 것을 무엇이라고 하나요?

6 삼국 시대에 세금은 누가 냈나요?

## 생각 두걸음

1 다음 유물 속 인물들이 무슨 이야기를 나누고 있을지 대화를 상상해 써 보세요.

수산리 고분 벽화 복원도(고구려)

금동 대향로(백제)

103

**2** 다음 유물의 이름을 넣어 삼국 시대 사람들은 어떻게 살았을지 이야기해 보세요.

쌍단지(백제)

세 발 토기(백제)

벼루(백제)

가래(백제)

기마 모형(고구려)

경주 석빙고
(신라. 조선 시대에 다시 지음)

거문고(벽화)(고구려)

거문고(재현)(고구려)

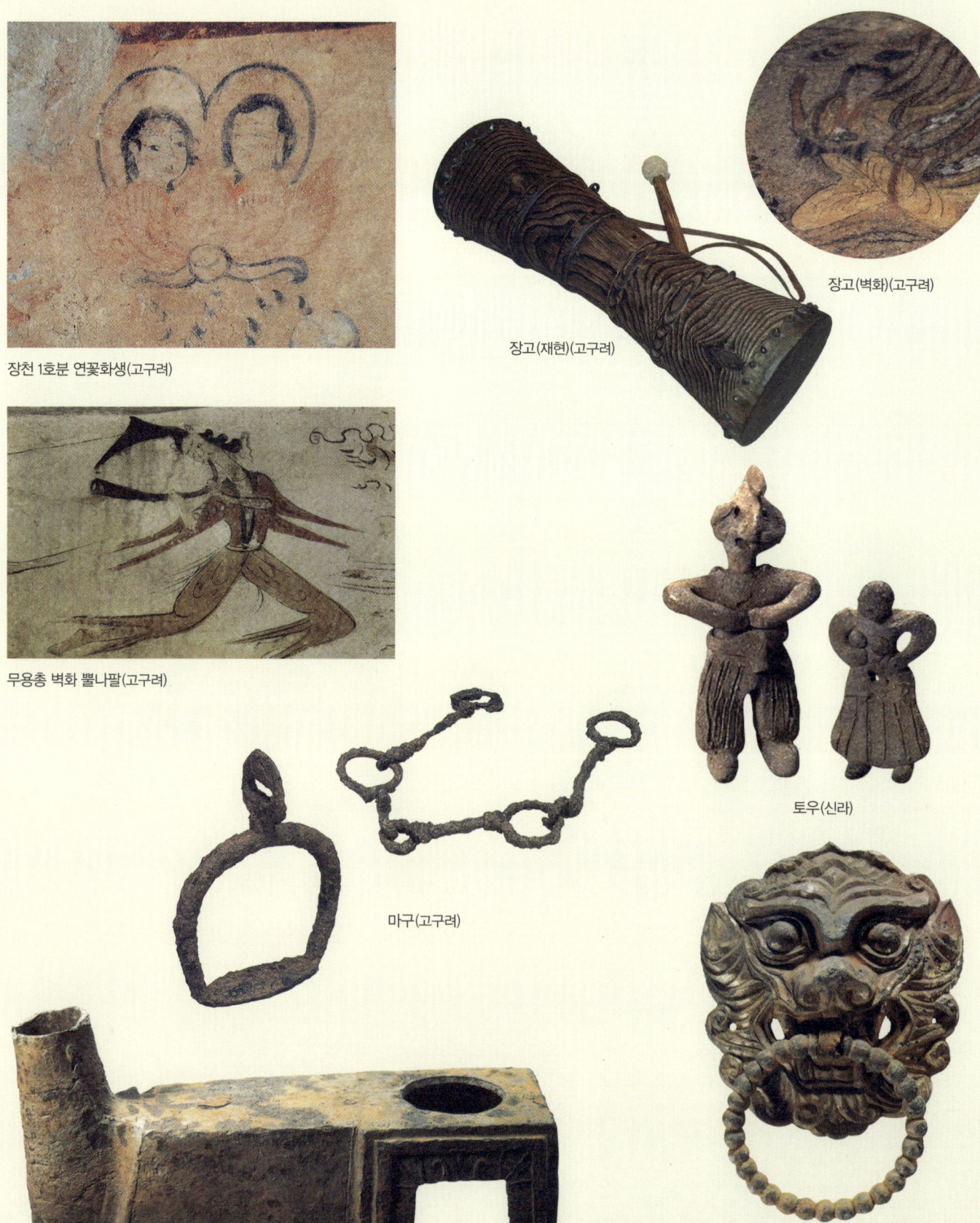

장천 1호분 연꽃화생(고구려)

장고(재현)(고구려)

장고(벽화)(고구려)

무용총 벽화 뿔나팔(고구려)

토우(신라)

마구(고구려)

철제 부뚜막(고구려)

금동 문고리 장식(신라)

## 깊이 생각하기

**1** 삼국 시대 세금의 세 종류를 써 보세요.

**2** 나라를 유지하는 데는 평민의 수가 많은 것이 유리했습니다. 그 이유는 무엇일까요?

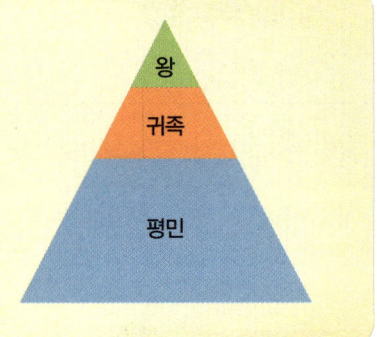

**3** 우리나라뿐만 아니라 세계 거의 모든 나라에 신분 제도가 있었습니다. 하지만 오늘날에는 대부분 신분 제도가 사라졌어요. 그 이유는 무엇일까요?

## 생각 펼치기

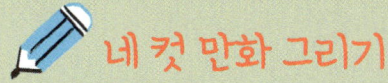 네 컷 만화 그리기

서현과 만명의 사랑 이야기를 네 컷 만화로 그려 보세요.

### 역사와 뛰놀기

# 토우 만들기

미래 사람들이 지금 우리의 생활 모습을 알 수 있도록 토우를 만들어 보세요.

**준비물**
찰흙, 찰흙 판, 찰흙용 칼

**만드는 방법**
1. 현재 우리의 모습을 잘 나타낼 수 있는 것을 생각해 보세요. (사람이나 물건이나 무엇이든 좋습니다.)
2. 찰흙으로 토우를 만들어 그늘에 잘 말리세요.

연주하는 사람 토우

개 토우

수레 모양 토우

사람 토우

지게 진 사람 토우

호랑이 토우

두 손을 모은 사람 토우     피리 부는 사람 토우

## 역사 공감하기

웃는 기와 - 국립경주박물관에서

이봉직

옛 신라 사람들은
웃는 기와로 집을 짓고
웃는 집에서 살았나 봅니다.

기와 하나가
처마 밑으로 떨어져
얼굴 한쪽이
금가고 깨졌지만
웃음은 깨지지 않고

나뭇잎 뒤에 숨은
초승달처럼 웃고 있습니다.

나도 누군가에게
한번 웃어 주면
천 년을 가는
그런 웃음을 남기고 싶어
웃는 기와 흉내를 내 봅니다.

## 11
# 신라는 어떻게 통일을 하였을까?

**라이벌이란** 같은 목적을 가졌거나 같은 분야에서 일하면서 이기거나 앞서려고 서로 겨루는 맞수.

신라와 백제.
둘의 라이벌 관계는 어떻게 끝이 났을까?
그리고 둘을 지켜보며 한 수 위라고 생각하던 고구려는 어떻게 되었을까?

## 고구려

고만고만한 나라들끼리 싸우기는…….
감히 고구려는 넘볼 생각도 못하면서.
으하하!

백제가 신라를 제집 드나들 듯하는 꼴을 더 이상 못 보겠다.
신라의 힘을 보여주겠어!

신라가 한강을 차지했으니, 백제는 이제 끝났구나!
하하하!

일찍이 한반도 남쪽은 우리 백제의 힘이 더 강했거늘!
백제를 넘보는 신라를 가만두지 않겠다!

## 백제

### 생각 한 걸음

**1** 백제의 마지막 왕은 누구인가요?

**2** 고구려가 멸망하게 된 가장 큰 원인은 무엇일까요?

**3** 당나라는 백제와 고구려를 정복한 뒤 평양성과 사비성에 각각 무엇을 두었나요?

**4** 백제와 고구려가 멸망한 후 신라가 당나라군과 싸워 크게 이긴 두 곳은 어디인가요?

**5** 진흥왕이 한강 일대를 독차지한 후 북한산 꼭대기에 세운 기념비는 무엇인가요?

**6** '통일 신라'라는 말은 누가 처음 사용했나요?

## 생각 두걸음

**1** 다음은 신라의 통일 과정을 나타낸 지도입니다. [보기]에서 알맞은 사건을 골라 빈 곳에 기호를 써 보세요.

보기

㉠ 사비성 함락, 백제 멸망 (660년)

㉡ 평양성 함락, 고구려 멸망 (668년)

㉢ 매소성 전투, 신라군이 당군을 물리침 (675년)

㉣ 기벌포 전투, 신라 수군이 당의 수군을 물리침(676년)

**2** 나당 연합군은 고구려와 백제를 정벌한 뒤 서로 전쟁을 했습니다. 연합군이었던 신라와 당나라는 왜 서로 전쟁을 했을까요?

**3** 다음 지도는 신라가 당나라를 물리친 후 차지한 영토입니다. 탐라까지 포함해서 신라의 영토를 노란색으로 색칠해 보세요.

## 깊이 생각하기

1  다음은 삼국이 한강을 차지한 순서입니다. 삼국은 왜 서로 한강을 차지하려고 했을까요?

2  신라는 진흥왕 때 '화랑'을 만들었습니다. '화랑'을 만든 이유는 무엇일까요?

3  신라가 통일할 수 있었던 이유는 무엇이라고 생각하나요?

## 생각 펼치기

 **낭도 모집 안내문 쓰기**

다음 글을 참고하여 낭도 모집 안내문을 만들어 보세요.

> 화랑도는 총지도자인 국선과 그 밑의 화랑으로 이루어져 있다.
> 전국에 국선은 1명, 화랑은 보통 3~8명이다.
> 화랑이 거느린 낭도는 수백에서 수천 명이다.

### 승려 원광이 두 명의 화랑에게 전한
# 세속오계

**사군이충(事君以忠)**
충성으로써 임금을 섬긴다.

**사친이효(事親以孝)**
효도로써 어버이를 섬긴다.

**교우이신(交友以信)**
믿음으로써 친구를 사귄다.

**임전무퇴(臨戰無退)**
싸움에 임해서는 물러남이 없다.

**살생유택(殺生有擇)**
산 것을 죽일 때는 가림이 있다.

화랑 김유신이 이끄는
'용화향도'의 낭도를 모집합니다.

신분:

나이:

하는 일:

혜택:

## 역사와 뛰놀기

# 보드게임하기

보드게임으로 신라의 통일 과정을 알아보세요.

**준비물**
주사위
게임 말: 바둑알이나 공깃돌, 지우개 등 작은 소품.
게임 카드: [활동 자료10] '신라 통일 퀴즈' 카드를 활용하세요.

**게임 방법**
1. 가위, 바위, 보를 해서 순서를 정하세요.
2. 주사위를 굴려 주사위의 숫자만큼 앞으로 가세요.
3. 주황색 칸에 도착하면 카드를 뽑으세요.
4. 카드의 문제를 맞히면 앞으로 두 칸 가세요.
5. ★에서는 한 번 쉬고 ➡에서는 지시대로 이동하세요.
6. 먼저 도착하는 사람이 이깁니다.

## 역사 공감하기

신문왕 5년, 전국을 9주로 나누다.
옛 고구려, 백제, 신라 지역에 각각 세 개씩

왕경의 핵심적인 군사조직 9서당 편성

신라 사람들은 녹색, 자색, 비색
백제 사람들은 백색, 청색
고구려 사람들은 황색, 벽색, 적색
말갈 사람들은 흑색
옷깃 색으로 정한 부대 이름

색깔은 달라도 모두 신라인!

# 신라는 어떻게 통일을 했을까?

# 12 골품의 나라, 신라

## 생각 한 걸음

**1** 신라의 독특한 신분 제도는 무엇인가요?

**2** 신라의 6두품 출신 중에는 당나라의 빈공과에 합격한 인재들이 많았습니다. 그중 '신라 3최'라고 불린 세 사람은 누구인가요?

**3** 신라에만 여왕이 있었던 이유는 무엇일까요?

**4** 경덕왕 때 만들어진 신라의 예술품들을 써 보세요.

**5** 불국사 석가탑에서 발견되었으며 세계에서 가장 오래된 목판 인쇄물로 알려져 있는 것은 무엇인가요?

**6** 신라의 수도는 어디인가요?

## 생각 두 걸음

**1** 다음 그림에서 탑에 대한 설명을 읽고 아래 탑들은 몇 층 탑인지 써 보세요.

**탑이란?**
석가모니의 사리를 모시기 위하여 세운 것으로, 산스크리트 어의 '스투파' 또는 팔리 어의 '투파'에서 '탑'이란 말이 비롯되었다.

**상륜부**
여러 가지 장식을 해 놓은 부분.

**탑신부**
탑의 몸통. 기단부 위에 있고 이 부분으로 탑의 층수를 나눈다.

**기단부**
탑을 세울 터를 단단히 다진 후 지면보다 높게 올린 단.

불국사 (　　)층 석탑

황룡사 (　　)층 목탑

감은사지 (　　)층 석탑

**2** 다음은 석굴암과 불국사의 모습입니다. 설명을 읽고 알맞은 곳에 스티커를 붙여 보세요. ([활동 자료4] 활용)

ㄱ **석굴암 본존불**
부드러운 미소와 인자한 표정의 불상으로 신라 조각 미술의 절정을 보여 준다.

ㄴ **십일면 관음보살**
본존불 뒤쪽 벽에 새겨져 있고 중생을 교화하기 위해서 11개의 얼굴을 갖고 있다.

ㄷ **금강역사상**
수문장 역할을 하는 조각상답게 용감한 모습으로 굴의 입구 양쪽에 새겨 있다.

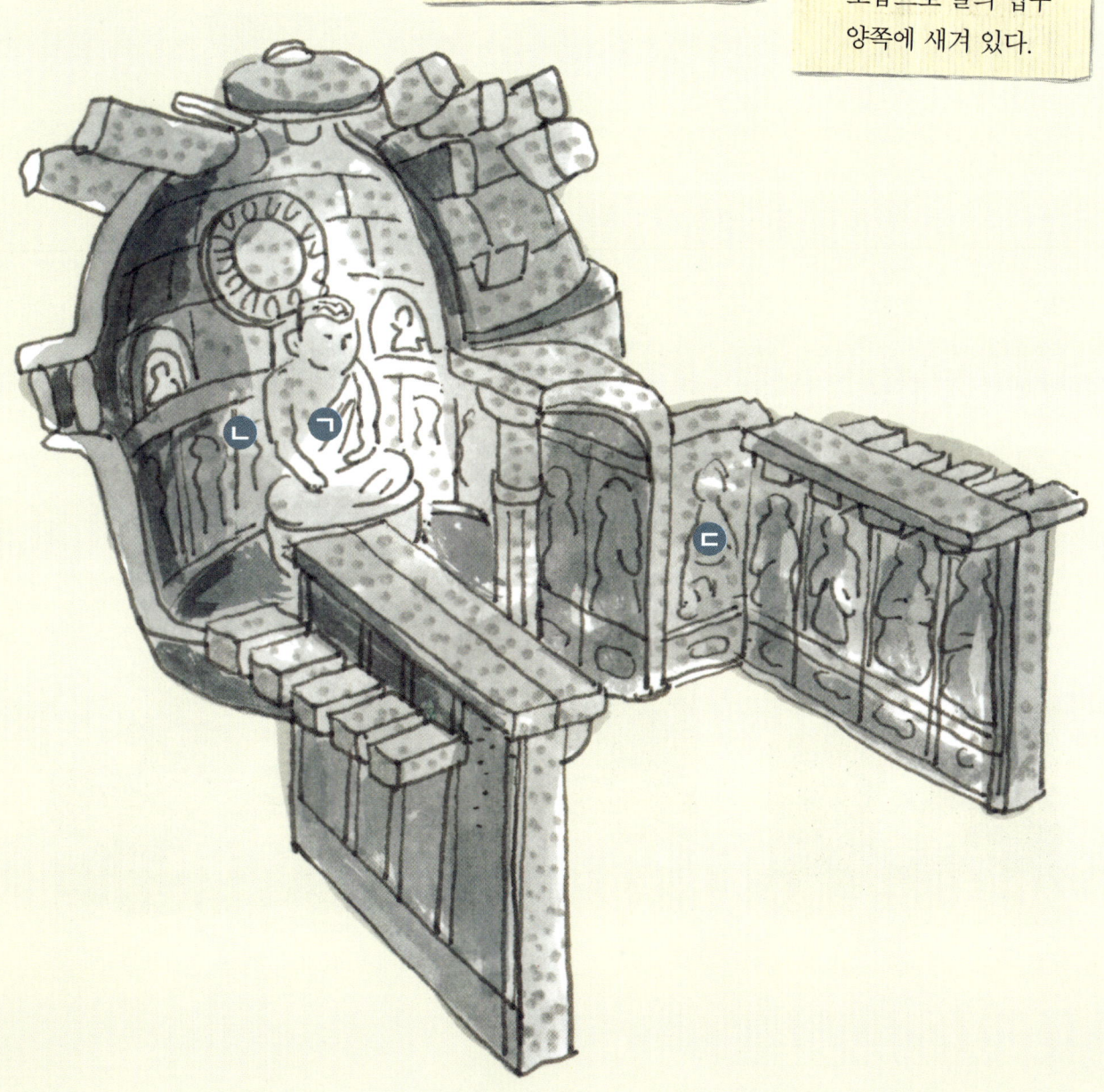

### ㄹ 청운교와 백운교
사람의 세상에서 부처의 세상으로 들어가기 위한 다리로, 청운교는 청년의 모습을 백운교는 노인의 모습을 나타낸다.

### ㅁ 석가탑
삼국 시대 석탑의 기본을 가장 잘 보여 주는 탑. 이 탑을 해체·복원하던 중 〈무구 정광 대다라니경〉이 발견되었다.

### ㅂ 다보탑
삼국 시대의 석탑 중 매우 독특하고 아름다운 탑으로 10원짜리 동전에도 담겨 있다.

## 깊이 생각하기

**1** 신라는 통일 후 문화의 전성기를 맞이했습니다. 이 시기에 신라의 문화가 발달한 이유는 무엇일까요?

**2** 신라의 신분 제도인 골품 제도에는 어떤 장점과 단점이 있었을까요?

**3** 이 단원의 제목은 '골품의 나라 신라'입니다. 신라의 특징을 살려 단원의 제목을 다시 정하고 이유를 써 보세요.

## 생각 펼치기

### 향가 배경 이야기 쓰기

도천수관음가를 읽고 배경 이야기를 상상해서 써 보세요.

**도천수관음가**

희명

무릎을 세우고
두 손 모아
천수관음 앞에
비옵나이다.
천 개의 손과 천 개의 눈
하나를 내어 하나를 덜기를
둘 다 없는 이 몸이오니
하나만이라도 주옵소서
아아! 나에게 주시오면
그 자비 얼마나 클 것인가!

> 향가는 삼국 시대 후기부터 고려 초까지 존재했던 우리나라 고유의 시다. 한자의 음과 뜻을 빌려서 표현했다. 도천수관음가는 경덕왕 때 눈먼 아들의 눈을 뜨게 하기 위해 분황사 천수관음 앞에서 기도하던 여인 희명이 지었다.

## 역사와 뛰놀기

# 팝업북 만들기

신라 시대의 화려한 유물을 이용하여 팝업북을 만들어 보세요.

**준비물**
A4 크기의 두꺼운 색상지 여러 장, 가위, 풀, 사인펜, 색연필

**방법**
1. 만드는 방법을 보고 순서에 따라 팝업북을 만드세요. ([활동 자료8] 활용)
2. 인터넷에서 유물과 관련된 내용을 찾아 유물을 소개하는 글을 써 넣으세요.
3. 유물을 여러 점 소개하고 싶으면 만들어진 책을 이어 붙이세요.

① 색상지를 반으로 접었다 펴 줍니다. [활동 자료8] 팝업북 만들기 설명 종이를 오려 붙이세요.

② [활동 자료8]에서 팝업북에 붙일 유물을 선택해서 선을 따라 오리세요.

③ 오린 유물을 반으로 접어서 종이의 중심에 맞춰 양쪽을 비스듬하게 붙입니다.(책을 펼쳤을 때 유물 그림이 바로 설 수 있게 위치를 생각해서 붙여 주세요.)

### 역사 공감하기

## 탑 속 타임캡슐에 남긴
## 선덕 여왕의 편지

역사를 공부하는 미래의 백성에게

이 편지를 발견할 때쯤 얼마만큼의 시간이 흘렀을지 나는 알지 못합니다. 하지만 신라를 알고 싶어 하는 마음이 있는 백성이 이 편지를 읽는다면 더없이 행복할 것 같습니다. 깜짝 놀랐겠지만 나는 신라의 27대 왕 김덕만입니다. 아버지 진평왕께 아들이 없어 첫째 딸인 내가 여왕이 되었지요.

신라에는 골품제라는 신분 제도가 있는데 나는 그중 성골입니다. 가장 높은 신분이며, 성골만이 왕이 될 수 있지요. 하지만 이제 성골 중 남자는 단 한 명도 남지 않았습니다. 그래서 내가 왕이 되었지요.

나는 골품제를 찬성하지만, 골품제 때문에 피해를 보는 백성도 많다는 것을 알고 있습니다. 태어날 때부터 천민으로 태어난 백성은 얼마나 억울하겠습니까? 하지만 왕권을 강화하고 나라의 기틀을 세우기 위해서는 어쩔 수 없는 일입니다. 미래의 세상에는 더 좋은 제도가 생길 날이 오겠지요.

당나라 태종은 여자가 왕이 된 것을 조롱하기 위해 향기가 없는 모란 그림을 보냈고, 비담은 나를 못마땅하게 여겨 반란을 일으켰어요. 그렇지만 나는 알고 있습니다. 미래에는 여성의 지혜와 능력이 더 인정받는 세상이 될 것입니다. 그리고 김춘추처럼 똑똑한 사람이라면 진골이라도 왕이 될 수 있기를 바랍니다. 그렇게 된다면 신라는 더욱 발전할 것이며 이웃 나라인 백제와 고구려를 아우르는 신라로 거듭날 수 있을 것입니다.

미래의 백성이 나의 편지를 읽을 때쯤이면 김덕만은 아주 오래전의 사람이겠지요. 그때도 신라의 왕이었던 김덕만이 존경받을 만한 사람이라면, 첨성대와 황룡사 9층 목탑을 보며 나를 생각해 주세요. 그리고 신라의 역사를 거울삼아 미래에는 더 훌륭한 나라를 만들어 주세요. 이러한 기원을 담아 편지를 마무리합니다.

646년 김덕만 씀

# 13
# 신비의 나라, 발해

## 생각 한 걸음

1  동모산을 도읍으로 정하고 '진국'을 세운 사람은 누구인가요?

2  발해는 어떤 민족으로 구성되었나요?

3  발해의 문왕이 외국에 보내는 국서에 스스로를 '고려 왕'이라고 한 이유는 무엇인가요?

4  당나라는 발해를 '바다 동쪽의 번영한 나라'라는 뜻으로 무엇이라고 불렀나요?

5  지배층의 권력 다툼으로 약해진 발해를 무너뜨린 나라는 어디인가요?

6  발해 유민 중 많은 수가 옮겨 간 나라는 어디인가요?

### 생각 두걸음

**1** 다음은 발해의 지도입니다. 발해의 영토를 초록색으로 색칠하고, 5경에 동그라미 하세요.

**2** 다음은 발해의 유물과 유적입니다. [보기]에서 알맞은 이름을 찾아 기호를 써 보세요.

| 보기 | | |
|---|---|---|
| ㉠ 짐승 얼굴 기와 | ㉡ 삼채 향로 | ㉢ 이불 병좌상 |
| ㉣ 손끝무늬 기와 | ㉤ 발해 석등 | ㉥ 영광탑(무덤 위에 쌓은 탑) |
| ㉦ 발해 치미 | ㉧ 돌사자상 | |

## 3 다음 유물과 유적을 보고 알 수 있는 발해 문화의 특징은 무엇일까요?

발해 연꽃무늬 수막새

고구려 연꽃무늬 수막새

발해 온돌유적

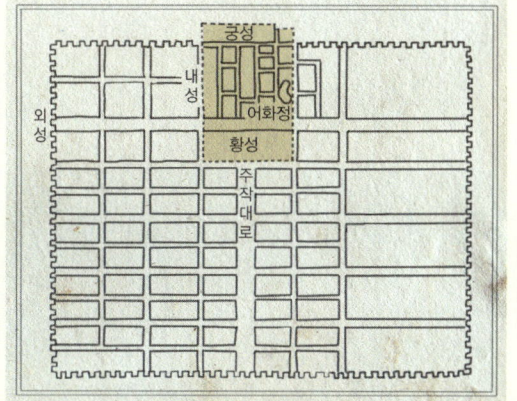
발해 상경성 평면도

고구려 온돌유적

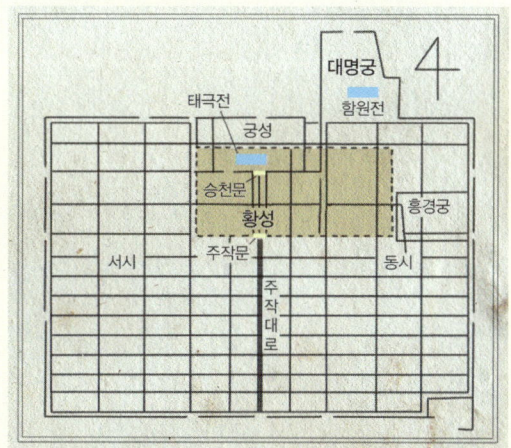
당나라 장안성 평면도

발해 유물

당나라 유물

## 깊이 생각하기

**1** 발해의 건국 과정을 이야기해 보세요.

**2** 발해에는 여러 가지 길이 있었습니다.
발해는 왜 여러 가지 길을 만들었을까요?

**5경을 서로 이어 주는 길**
당으로 가는 **영주도, 조공도**
거란으로 가는 **거란도**
일본으로 가는 **일본도**
신라로 가는 **신라도**
시베리아, 중앙아시아로 가는 **담비 길**

**3** 남쪽에는 신라, 북쪽에는 발해가 있었던 시기를 '통일 신라 시대' 또는 '남북국 시대'라고 합니다. 두 이름의 의미는 어떻게 다를까요?

## 생각 펼치기

 **발해 소개하는 글쓰기**

발해에 대해 잘 알지 못하는 친구에게 발해를 소개하는 글을 써 보세요.

발해를 소개합니다

## 역사와 뛰놀기

## 정효 공주 무덤 벽화 색칠하기

다음은 정효 공주 무덤에 있는 벽화입니다. 벽화를 색칠하고 점선대로 접은 뒤 세워 보세요. ([활동 자료6] 활용)

> 발해 문왕의 넷째 딸인 정효 공주의 무덤은 중국 지린성 발해 무덤군에 있다. 1980년에 발굴된 이 무덤에는 무사, 악사, 내시, 시종 등 12명의 인물 벽화가 그려 있다. 이 벽화를 통해 발해 사람들의 모습을 추측해 볼 수 있다.

정효 공주 무덤

내시

악사

시종

시위(호위 무사)

# 역사 공감하기

## 발해야 너 어디 있니?

난 역사를 공부하고 있는 대한민국의 초등학생이야. 구석기와 신석기를 거쳐 고조선에 이르러서 단군왕검을 만났어. 고구려, 백제, 신라, 가야와 인사하고, 드디어 발해 너를 만나게 되었구나. 사실 나는 너를 잘 몰라. 대조영이 너를 세웠다는 것은 알고 있었지만, 네가 어디에 있는지 얼마나 오래 살았는지 알지 못했어. 그런데 그건 나만 그런 게 아닌가 봐. 부모님께 물어봐도 잘 모르시더라. 그래서 너에 대한 책을 찾아봤어. 한참 동안 인터넷을 뒤졌지만 너에 대한 책도, 자료도 별로 없더구나. 인터넷에서 너에 대해 검색을 하다가 이런 기사를 찾기는 했지. 중국이 발해를 자기네 역사로 만들려고 한다는 거야. 어려운 말로 '동북공정'이라고 한다는데, 고구려와 발해처럼 중국 땅 안에 있었던 역사를 연구한다면서 사실은 빼앗아 가는 느낌이 들었어. 난 눈에 보이는 것만 뺏을 수 있는 줄 알았는데 눈에도 보이지 않는, 그것도 아주 옛날 옛적에 일어난 일들을 뺏으려고 한다는 것이 참 이상했어.

우리 누나는 올여름 방학 때 유럽으로 배낭여행을 떠날 거래. 여행 경비를 모으기 위해 몇 년 동안 아르바이트를 하며 용돈을 모았지. 나는 그런 누나가 엄청나게 부러워. 나도 나중에 대학생이 되면 꼭 아르바이트해서 번 돈으로 배낭여행을 떠날 거야. 하지만 여행 장소는 누나와 좀 달라. 난 유럽이 아니라 발해 널 만나러 갈 거야. 만주 길림성 동모산 위에 올라가 드넓은 벌판을 볼 생각을 하면 벌써 마음이 설렌다. 상경성 터에 가서 내 발로 쾅쾅 발 도장을 찍어 보고, 정효 공주 무덤에 가서 무덤 벽화의 무사와 악사들이 남장 여자인지 아닌지 내 눈으로 직접 확인하고 싶어.

발해야, 그동안 무관심해서 미안했다. 내가 널 보러 갈 때까지 부디 훼손되지 말고 그 모습 그대로 있어 줘. 꼭 만나러 갈게. 기다려!

## 사진 자료

**국립경주박물관** [경박2014-250] 반구대 암각화 024, 025 수레 모양 토우 108 웃는 기와(얼굴무늬 수막새) 109 성덕 대왕 신종 **활동 자료1** | **국립공주박물관** 무령왕비 베개, 무령왕 발받침 083 흑갈유사이병 085 | **국립민속박물관** 따비 044 | **국립부여박물관** 종방울 035 봉황무늬 전돌, 연꽃구름무늬 전돌, 연꽃도깨비무늬 전돌, 산수산경무늬 전돌 081 은자루 유리공, 호자 083 금동대향로 088, 103 벼루 104 | **국립순천대학교박물관** 동그란 모양의 병 083 가래(백제) 104 | **국립전주박물관** 금동 신발 095 | **국립중앙박물관** 주먹도끼, 간석기, 고기잡이 도구 023 빗살무늬 토기, 조리 탈 029 간두령(투겁방울),가지 방울, 청동 방울, 청동 거울, 세형 동검 035 반달 돌칼, 토기, 쇠뇌, 돌낫 044 농경문 청동기 048, 049 삼한지역 청동 허리띠 고리(호랑이, 말), 삼한지역 철제 농기구(말 재갈, 낚싯바늘, 도끼, 따비) 054 집 모양 토기, 오리 모양 토기, 짚신 모양 토기, 말 탄 무사 모양 토기 065 광개토 대왕의 이름이 새겨진 청동 그릇 074 청동 자루솥 085 금동 미륵 보살 반가 사유상 095 수막새(백제) 101 철제 부뚜막, 토우(신라), 금동 문고리 장식 105 지게 진 사람 토우 109 짐승 얼굴 기와, 발해 치미 134 돌자귀 044 사슴토우가 붙은 토기 065 | **국립진주박물관** 수레바퀴 모양 토기 065 | **국립청주박물관** 긁개 023 | **국립춘천박물관** 동예 목걸이 054 양 모양 청자 084 | **국립경주문화재연구소** 연주하는 사람 토우, 개 토우, 사람 토우 108 호랑이 토우, 피리 부는 사람, 두 손을 앞으로 모은 사람 109 | **거창박물관** 세 발 토기(백제) 104 | **경주시청** 금강 역사상 **활동 자료1** | **불교중앙박물관** 무구 정광 대다라니경 **활동 자료5** | **판교박물관·한국문화재보호재단** 고구려1호석실분(굴식돌방무덤) 074 | **동북아지석묘연구소** 중국의 석붕 033 | **서울대학교박물관** 네 귀 나팔항아리(몽촌토성) 074 쌍단지(백제) 104 마구(고구려) 105 장백 영광탑 134 고구려 온돌유적 135 | **한양대학교문화재연구소** 주먹도끼, 찌르개, 찍개 023 | **연합뉴스** 울산 반구대 암각화 전경 024 벽골제 054 신라 황룡사 9층 목탑 복원 모형 094 고구려 거문고(재현) 104 고구려 장고(재현)기마 모형(고구려) 105 손끝무늬 기와 134 십일면보살상 **활동 자료1** | **조선일보** 무령왕릉 발굴 당시 089 산신각 095 | **사계절** 수산리 고분 벽화 복원도 103 | **위키피디아·위키커먼스** 쇼베 동굴벽화 018 영국의 스톤헨지, 프랑스의 선돌, 인도의 거석 무덤, 이스터섬의 석상 033 다보탑, 감은사지 3층 석탑, 불국사 3층 석탑(석가탑) 123 청운교와 백운교 125 | **강성철** 한국의 고인돌(강화) 033 의림지 054 솟대 058 나정 터 **활동 자료1** 구지봉 비석 **활동 자료1** 충주 고구려비 074 백제 미륵사 복원 모형 94 경주 석빙고 104 | **송기호** 정효공주 무덤 내 벽화 138 | **송호정** 《삼국유사》에 실린 고조선 041 부여 황금 허리띠 고리 054 | **최종택** 오녀산성 **활동 자료1** | **류동필** 쇠뇌(그림) 044

도서출판 책과함께는 이 책에 실은 모든 도판 자료의 출처와 저작권자를 찾아 허락을 받기 위해 최선을 다했습니다.
허가를 받지 못한 일부 도판은 저작권자가 확인되는 대로 사용 허가를 받고 일반적인 사용료를 지불하겠습니다.

# 《한국사 편지》와 《한국사 편지 생각책》 권별 차례

## 한국사 편지 2권
### 후삼국 시대부터 고려 시대까지

01 흔들리는 신라와 후삼국 시대
02 왕건과 후삼국 통일
03 문벌 귀족의 나라, 고려
04 거란과의 30년 전쟁
05 국제 무역항 벽란도와 코리아
06 불교의 나라, 고려
07 고려 사람들은 어떻게 살았을까?
08 무신들의 세상
09 왕후장상의 씨가 따로 있나?
10 농민과 천민들이 몽골과 싸우다
11 고려 사람들의 마음이 담긴 팔만대장경과 상감 청자
12 《삼국사기》와 《삼국유사》, 두 역사책에 담긴 서로 다른 뜻
13 공민왕의 개혁 정치
14 목화씨와 화약

## 한국사 편지 3권
### 조선 건국부터 조선 후기까지

01 조선은 어떻게 건국되었나?
02 새 도읍지 한양
03 세종이 한글을 만든 진짜 이유
04 관리를 어떻게 뽑았을까?
05 조선 시대 사람들은 어떻게 살았을까?
06 성리학의 나라, 조선
07 사림의 등장과 '사화'
08 조선 시대 사람들의 의식주
09 조선 시대의 신문과 책
10 조선의 3대 도적
11 임진왜란이 터지다
12 청나라의 침입, '호란'
13 당쟁은 왜 일어났을까?
14 울릉도와 독도를 지킨 안용복

## 한국사 편지 4권
### 조선 후기부터 대한제국 성립까지

01 정조와 화성 신도시 건설
02 실학자들의 꿈
03 변화하는 농촌과 시장
04 피어나는 서민 문화
05 조선 시대 부부의 사랑과 결혼
06 김정호와 《대동여지도》
07 일어서는 농민들
08 서학과 동학
09 쇄국과 개화의 갈림길
10 나라의 문을 열다
11 '3일 천하'로 끝난 갑신정변
12 전봉준과 동학 농민 운동
13 명성 황후, 그 비극의 죽음
14 개항 후 달라진 생활

## 한국사 편지 5권
### 대한제국부터 남북 화해 시대까지

01 나라를 빼앗기다
02 나라를 지키려는 몸부림
03 만주를 뒤흔든 구국의 총소리
04 이천만 동포여, 일어나거라
05 독립군의 두 별, 홍범도와 김좌진
06 방정환과 '어린이날'
07 관동대학살과 연해주 강제 이주
08 근대 역사학의 아버지 신채호
09 임시 정부의 밑거름이 된 이봉창과 윤봉길
10 세계를 놀라게 한 조선인들
11 끌려간 젊음과 비굴한 친일파
12 해방, 그러나 남북으로 갈린 나라
13 38선을 넘는 김구
14 민족을 둘로 가른 전쟁 6·25
15 경제 성장의 빛과 그늘
16 민주주의를 위하여
17 통일을 위한 만남

스스로 생각하고 놀면서 공부하는 역사 워크북
# 한국사 편지 생각책 1

1판 1쇄 2014년 3월 25일
1판 16쇄 2025년 1월 24일

글 | 박은봉·김선주·김효정·윤영내·이미나·이진희·정현숙
그림 | 김중석

펴낸이 | 류종필
편집 | 이정우, 이은진, 권준
경영지원 | 홍정민
디자인 | 권석연, 남경민

펴낸곳 | (주)도서출판 책과함께
　　　　주소 (04022) 서울시 마포구 동교로 70 소와소빌딩 2층
　　　　전화 (02) 335-1982
　　　　팩스 (02) 335-1316
　　　　전자우편 prpub@daum.net
　　　　블로그 blog.naver.com/prpub
　　　　등록 2003년 4월 3일 제2003-000392호

이 책의 저작권은 지은이 박은봉·김선주·김효정·윤영내·이미나·이진희·정현숙과 그린이 김중석, (주)도서출판 책과함께에 있습니다.
이 책의 내용을 이용하려면 저작권자와 출판사에게 모두 서면 동의를 받아야 합니다.
잘못된 책은 구입하신 서점에서 바꾸어 드립니다.

ISBN 978-89-97735-35-8 74900
ISBN 978-89-97735-34-1 (세트)

스스로 생각하고 놀면서 공부하는
역사 워크북 **1**

# 한국사 편지
# 생각책
## 활동 자료

가위와 색연필 등을 준비해 주세요.

[활동 자료1] 뗀석기 스티커 (1단원 생각 두 걸음) **1**

[활동 자료2] 청동기 시대 유물 스티커 (3단원 생각 두 걸음) **1**

[활동 자료3] 유적 스티커 (6단원 생각 두 걸음) **1**

[활동 자료4] 유물 유적 스티커 (12단원 생각 두 걸음) **1**

[활동 자료5] 농경무늬 청동기 (4단원 역사와 뛰놀기) **2**

[활동 자료6] 정효 공주 무덤 벽화 (13단원 역사와 뛰놀기) **2**

[활동 자료7] 조우관과 깃털 (7단원 역사와 뛰놀기) **3**

[활동 자료8] 팝업북 만들기_유물·설명 (12단원 역사와 뛰놀기) **4~5**

[활동 자료9] 신석기 퀴즈 카드 (2단원 역사와 뛰놀기) **6~7**

[활동 자료10] 신라 통일 퀴즈 카드 (11단원 역사와 뛰놀기) **8~9**

**[활동 자료1]** 1단원 생각두걸음 4번 문제 (생각책 015쪽)
# 뗀석기 스티커

**[활동 자료2]** 3단원 생각두걸음 3번 문제 (생각책 035쪽)
# 청동기 시대 유물 스티커

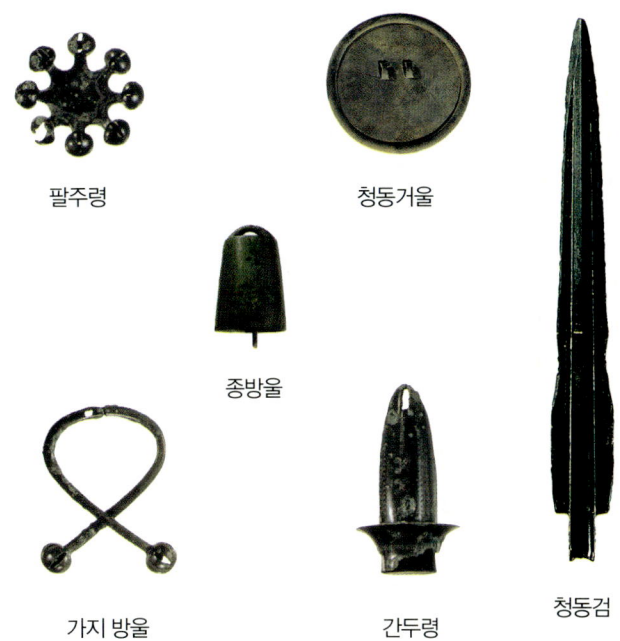

**[활동 자료3]** 6단원 생각두걸음 1번 문제 (생각책 063쪽)
# 유적 스티커

**[활동 자료4]** 12단원 생각두걸음 2번 문제 (생각책 124~125쪽)
# 유물 유적 스티커

[활동 자료5] 4단원 역사와 뛰놀기 농경무늬 청동기 만들기 (생각책 048쪽)

# 농경무늬 청동기

이 부분은 구멍을 뚫어 주세요.

[활동 자료6] 13단원 역사와 뛰놀기 정효 공주 무덤 벽화 색칠하기 (생각책 138쪽)

# 정효 공주 무덤 벽화

[활동 자료7] 7단원 역사와 뛰놀기 조우관 만들기 (생각책 078쪽)

# 조우관과 깃털

[활동 자료8] 12단원 역사와 뛰놀기 팝업북 만들기 (생각책 128쪽)

# 팝업북 만들기_유물

석굴암 본존불상

성덕 대왕 신종

석가탑

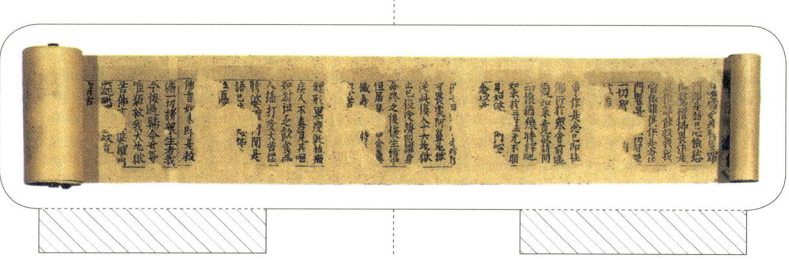

무구 정광 대다라니경

[활동 자료8] 12단원 역사와 뛰놀기 팝업북 만들기 (생각책 128쪽)

# 팝업북 만들기_설명

유물 이름:

유물 이름:

[활동 자료9] 2단원 역사와 뛰놀기 보드게임하기 (생각책 028쪽)

# 신석기 퀴즈 카드

| 신석기 퀴즈 01 ★ | 신석기 퀴즈 02 ★★ | 신석기 퀴즈 03 ★ | 신석기 퀴즈 04 ★ |
|---|---|---|---|
| 돌을 갈아서 매끈하게 만든 석기를 무엇이라고 하나요? | 요리와 난방을 위해 움집 가운데쯤에 두었던 것은 무엇인가요? | **깜짝 O X**<br>자르기, 갈기, 구멍 뚫기는 뗀석기를 만드는 방법이다.<br>O X | 신석기 시대의 대표적인 토기로서 빗살 모양의 무늬가 있는 토기는 무엇인가요? |

| 신석기 퀴즈 05 ★★★ | 신석기 퀴즈 06 ★ | 신석기 퀴즈 07 ★ | 신석기 퀴즈 08 ★★ |
|---|---|---|---|
| 긴 막대기에 매달아서 흙을 뒤엎는 데 사용했던 도구는 무엇인가요? | **깜짝 O X**<br>신석기 시대는 구석기 시대보다 날씨가 많이 따뜻해졌다.<br>O X | **깜짝 O X**<br>신석기 시대에는 농사일에 소를 많이 이용했다.<br>O X | 도토리처럼 껍질이 단단한 나무 열매를 갈아서 껍질을 벗기는 데 사용했던 도구는 무엇인가요? |

| 신석기 퀴즈 09 ★★ | 신석기 퀴즈 10 ★★ | 신석기 퀴즈 11 ★ | 신석기 퀴즈 12 ★ |
|---|---|---|---|
| 신석기 시대 사람들은 주로 어디에서 살았나요? | 신석기 시대에는 주로 어떤 곡식을 심었나요? | **깜짝 O X**<br>신석기 시대 토기는 곡식을 저장하거나 요리할 때 사용했다.<br>O X | 낚싯바늘은 주로 무엇으로 만들었나요? |

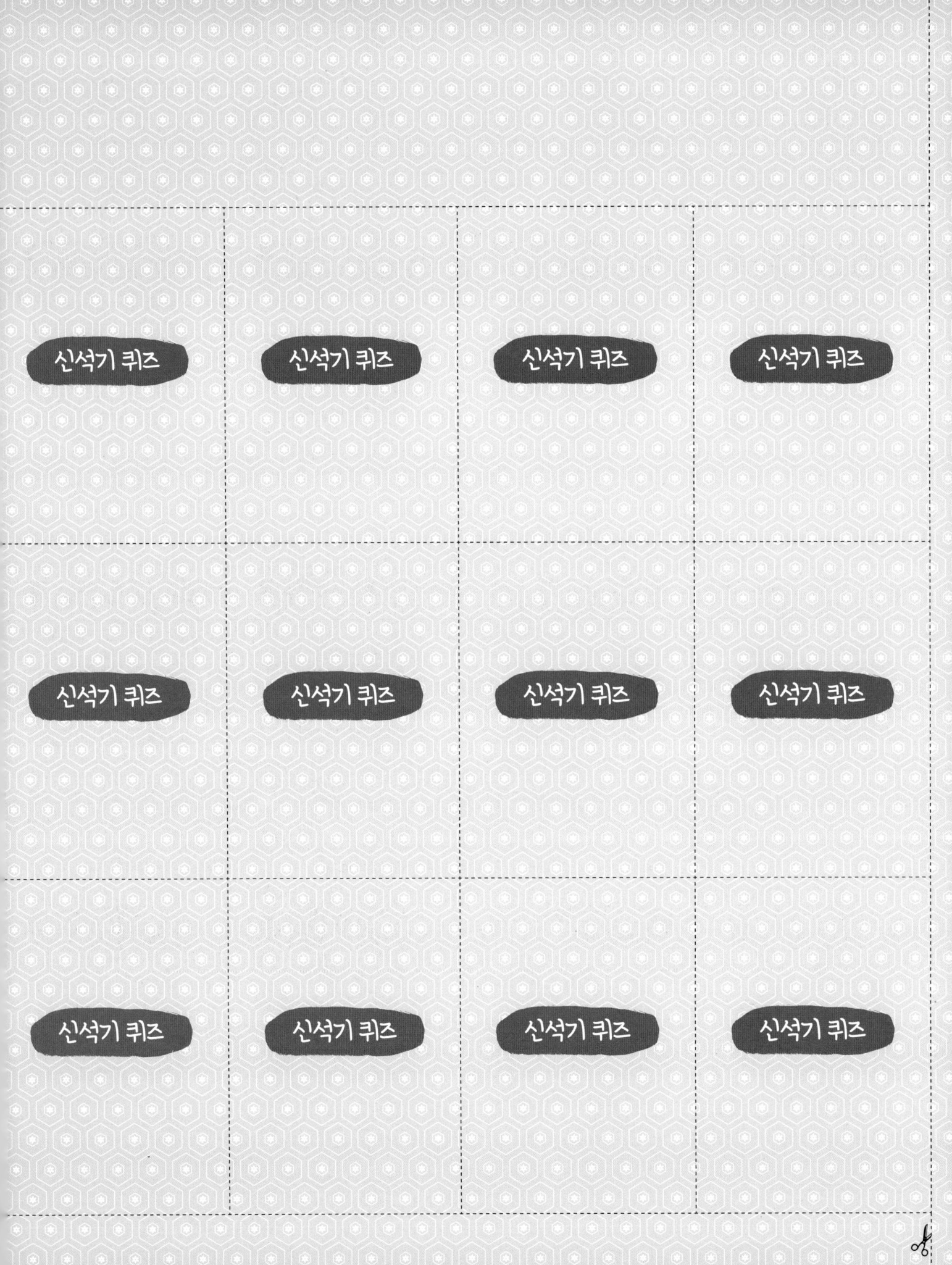

[활동 자료9] 2단원 역사와 뛰놀기 보드게임하기 (생각책 028쪽)
# 신석기 퀴즈 카드

## 신석기 퀴즈 13
★

**깜짝 O X**
신석기 시대에는 남자들도 발찌, 목걸이를 했다.
O  X

## 신석기 퀴즈 14
★

사람이 기른 최초의 동물은 무엇인가요?

## 신석기 퀴즈 15
★★

신석기 시대 사람들이 고래를 잡았다는 것을 알 수 있는 바위그림은 무엇인가요?

## 신석기 퀴즈 16
★★★

물속에서 그물이 중심을 잘 잡을 수 있도록 해주는 도구를 무엇이라 하나요?

## 신석기 퀴즈 17
★★

이리저리 떠돌지 않고 한곳에 머물러 사는 것을 무엇이라고 하나요?
**힌트!** ○○ 생활

## 신석기 퀴즈 18
★

흙으로 만든 그릇을 무엇이라고 하나요?

## 신석기 퀴즈 19
★★

농사 짓기와 함께 시작된 모든 변화를 무엇이라고 하나요?
**힌트!** ○○ 혁명

## 신석기 퀴즈 20
★★★

신석기 시대 사람들은 밑이 뾰족한 토기를 어떻게 사용했을까요?

## 신석기 퀴즈 21
★

사냥한 동물을 죽이지 않고 울타리에 가둬 기르는 것을 무엇이라고 하나요?

## 신석기 퀴즈 22
★

신석기 시대 사람들이 지은 집을 무엇이라고 하나요?

## 신석기 퀴즈 23
★

갈라진 모양의 짐승 뿔로 만들었으며, 잡초를 걷어 내거나 씨앗 심을 구멍을 파는 데 사용한 도구는 무엇인가요?

## 신석기 퀴즈 24
★

아주 먼 옛날, 사람들이 돌로 도구를 만들어 쓰던 시대를 무엇이라고 하나요?

[활동 자료10] 11단원 역사와 뛰놀기 보드게임하기 (생각책 118쪽)
# 신라 통일 퀴즈 카드

### 신라 통일 퀴즈 01
★★★

신라와 백제가 최후의 결전을 벌였던 곳은 어디인가요?

### 신라 통일 퀴즈 02
★★★

황산벌 전투에서 신라군을 지휘한 사람은 누구인가요?

### 신라 통일 퀴즈 03
★★★

황산벌 전투에서 백제군을 지휘한 사람은 누구인가요?

### 신라 통일 퀴즈 04
★★★

백제의 궁녀들이 강물로 뛰어내린 곳은 어디인가요?

### 신라 통일 퀴즈 05
★★★

신라 장군 김품일의 아들은 누구인가요?

### 신라 통일 퀴즈 06
★★★

백제의 마지막 왕은 누구인가요?

### 신라 통일 퀴즈 07
★★★

의자왕이 술을 따른 당나라의 장수는 누구인가요?

### 신라 통일 퀴즈 08
★★★

나당연합군에게 포위된 고구려의 수도는 어디인가요?

### 신라 통일 퀴즈 09
★★★

고구려는 누구의 죽음 이후 권력 다툼이 시작됐나요?

### 신라 통일 퀴즈 10
★★★

연개소문의 세 아들은 누구인가요?

### 신라 통일 퀴즈 11
★★★

당나라는 고구려를 정복한 뒤 평양성에 무엇을 두었나요?

### 신라 통일 퀴즈 12
★★★

당나라는 백제를 정복한 뒤 사비성에 무엇을 두었나요?

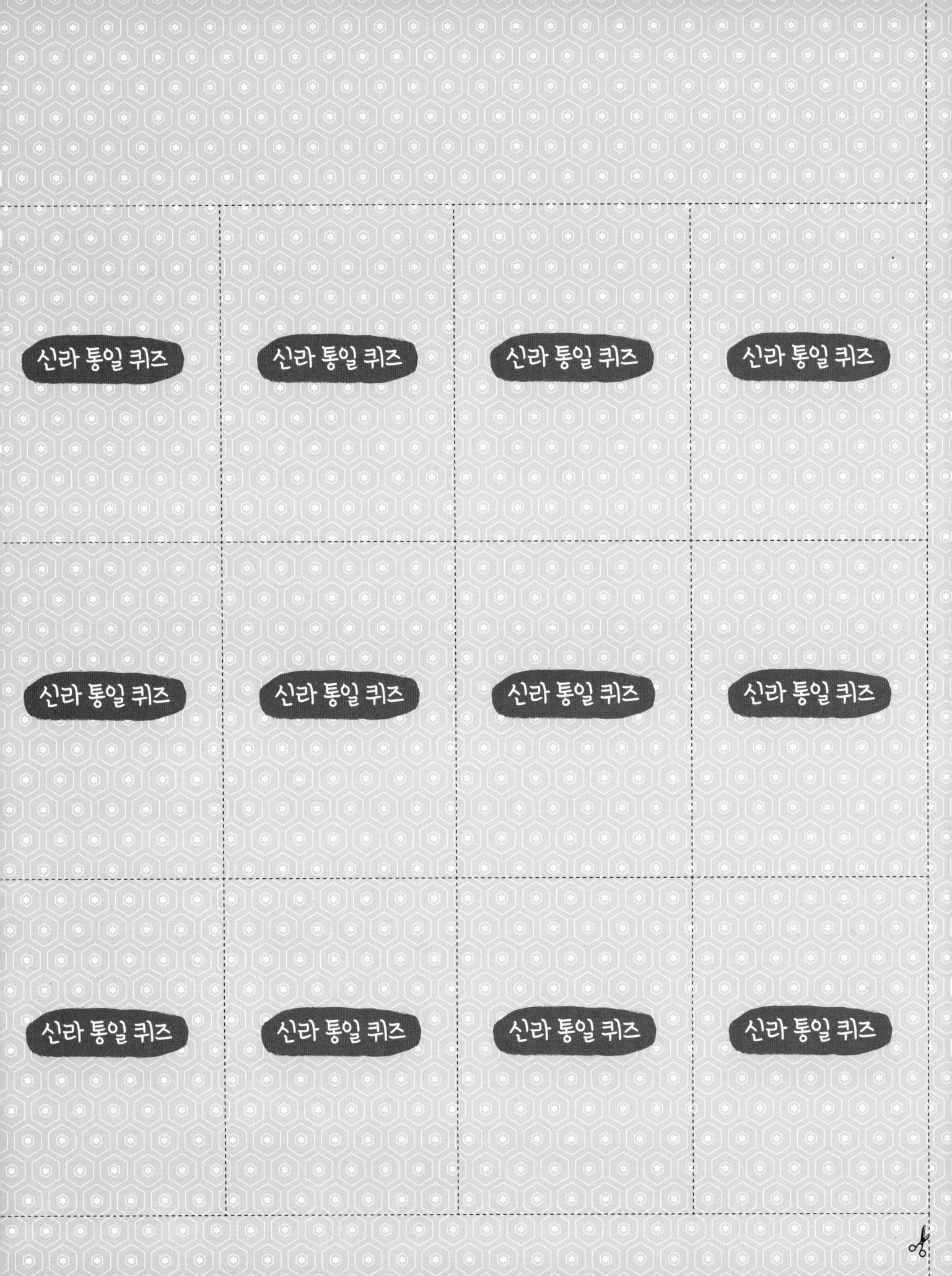

[활동 자료10] 11단원 역사와 뛰놀기 보드게임하기 (생각책 118쪽)

# 신라 통일 퀴즈 카드

### 신라 통일 퀴즈 13
★★★

백제와 고구려를 멸망시킨 뒤 신라와 당이 싸움을 벌인 두 곳은 어디인가요?

### 신라 통일 퀴즈 14
★★★

나제 동맹을 깨고 한강 일대를 차지한 신라의 왕은 누구인가요?

### 신라 통일 퀴즈 15
★★★

신라와 백제가 맺은 동맹을 무엇이라고 하나요?

### 신라 통일 퀴즈 16
★★★

관산성 전투에서 전사한 백제의 왕은 누구인가요?

### 신라 통일 퀴즈 17
★★★

신라와 당나라가 맺은 연합을 무엇이라고 하나요?

### 신라 통일 퀴즈 18
★★★

연개소문이 감옥에 가둔 신라의 사신은 누구인가요?

### 신라 통일 퀴즈 19
★★★

백제를 멸망시키고 다음 해에 죽은 신라의 왕은 누구인가요?

### 신라 통일 퀴즈 20
★★★

대동강에서 원산만 이남 지역을 통일한 신라의 왕은 누구인가요?

### 신라 통일 퀴즈 21
★★★

신라 장군 김흠순의 아들은 누구인가요?

### 신라 통일 퀴즈 22
★★★

한강 일대를 독차지한 진흥왕이 북한산 꼭대기에 세운 기념비는 무엇인가요?

### 신라 통일 퀴즈 23
★★★

당나라와 신라가 공격한 백제의 수도는 어디인가요?

### 신라 통일 퀴즈 24
★★★

문무왕을 장사 지낸 곳은 어디인가요?

# 01 우리나라에는 언제부터 사람이 살았을까?

**기원전 70만 년경**

**학습 목표**
1. 구석기 시대 사람들의 생활 모습을 알아본다.
2. 구석기 시대 인류에게 생긴 변화에 대해 생각해 본다.
3. 발바닥 도장을 찍고 발바닥 모양을 관찰해 본다.

## 생각 한 걸음
생각책 012쪽

1 동굴에 숨겨져 있는 유골과 유물들, 오래된 바위에 간직된 화석, 땅속에 파묻혀 있는 흔적 등 (한국사 편지 1권 10쪽 참고)
2 오스트랄로피테쿠스 (한국사 편지 1권 12쪽 참고)
3 두 발로 서서 걷기 (한국사 편지 1권 12쪽 참고)
4 석기 시대 (한국사 편지 1권 17쪽 참고)
5 동굴 (한국사 편지 1권 18쪽 참고)
6 채집 (한국사 편지 1권 19쪽 참고)

## 생각 두 걸음
생각책 013~015쪽

[😊👶] 표시는 이 책으로 공부한 어린이들이 실제로 쓴 답안 중에서 적절한 것을 골라 실은 것입니다. 만약 지금 문제를 풀고 있는 어린이가 다소 다른 대답을 하더라도 문항의 핵심을 충분히 이해했다면 어린이의 다양한 생각을 존중해 주세요.

1

2 😊 돌을 쓰임에 맞게 적당히 깨뜨려서 원하는 도구를 만들었다. 큰

돌에 내리쳐서 떼어 낸 조각을 쓰기도 하고, 다른 돌로 쳐서 깨뜨리기도 했다. 좀 더 발전해서는 동물 뼈나 뿔을 대고 두드리기도 하고, 뾰족하고 날카로운 것으로 눌러 원하는 모양을 만들기도 했다.

3 뗀석기

4

## 깊이 생각하기
생각책 016쪽

1 😊 손이 자유로워졌다. 그래서 손으로 도구를 사용할 수 있게 됐다. 손을 많이 사용하면서 뇌가 발달해 더 똑똑해질 수 있었다. 또 두 발로 서니 멀리까지 볼 수 있었고 나무 열매도 따기 쉬워졌다. 하지만 두 발로만 걸으니 발이 빨리 피곤해졌고, 허리가 약해지는 등 나쁜 점도 생겼다.

2 😊 어둠을 밝히고 추위를 피하는 데 불을 사용했다. 또 불을 이용해 고기를 익혀 먹고, 맹수들로부터 자신들을 보호했다.

3 😊 주변에서 가장 쉽게 찾을 수 있는 것이 돌이었기 때문일 것이다. 돌은 원하는 모양대로 다듬어 사용할 수 있고 튼튼하기 때문

에 도구의 재료로 사용하기에 적당했을 것이다.

---

제목 : 아주 배불리 먹은 날          날씨 : 놀기 딱 좋은 날씨

오늘은 정말 일찍 깼다. 나는 더 자려고 했지만 한번 깨서 잠이 안 왔다. 그래서 그냥 동굴에서 나와서 주변에 있는 열매 몇 개를 따 먹고, 작은 동물 몇 마리도 잡고, 커다란 나뭇잎을 접어 사람들이 깨면 먹을 물을 개울에서 떠 왔다. 그래서 어른들이 칭찬해 주셨다. 내가 가져온 걸로 다 같이 식사하고 친구들과 밖에 나가 놀았다. 돌을 누가 더 멀리 던지나 내기도 하고 누가 더 큰 돌을 드나 시합도 했다. 너무 뛰어 놀아서 배가 고팠다. 점심에는 어제 먹다 남은 사슴 구이랑 과일을 먹었다. 입에서 살살 녹는다. 그리고 어른들이 사냥 나가는 데 따라가려고 했는데 위험해서 안 된다고 하셨다. 나도 사냥을 꼭 해 보고 싶은데 얼마나 커야 하는지 모르겠다. 사냥 간 어른들이 작은 호랑이를 잡아 왔다. 호랑이 잡는 걸 봤어야 했는데……. 저녁은 호랑이 바비큐! 오늘은 정말 정말 많이 먹었다. 이렇게 배부르게 먹은 건 아주 오래간만이다. 매일 오늘 같으면 좋겠다. 그리고 호랑이 가죽으로 바지 하나 만들어 달라고 졸라야지.

[일월초3 김병철]

## 생각 펼치기
### 생각책 017쪽

이 책으로 공부한 어린이들의 실제 답안을 그대로 실었습니다. 어린이들의 다양한 생각과 관심을 파악할 수 있을 것입니다.

구석기 시대에는 오늘날과 같은 날짜 개념이 없었기 때문에 날짜는 생략했습니다. 만약 어린이가 날짜 쓰는 것을 질문한다면 구석기 시대 사람들은 날짜를 어떻게 헤아렸을까 상상해 보도록 지도해 주세요.

---

제목 : 경사 났다.          날씨 : 쨍쨍함

오늘 아저씨들이 동굴 벽에 큰 코뿔소를 그렸다. 코뿔소를 그리는데 너무 커서 각자 역할을 나누고 색칠을 했다. 나도 아저씨들을 도와 가운데 부분을 맡아 그렸다. 나는 큰 코뿔소를 그리고 싶었기 때문에 가운데 부분을 아주 크게 그리고 색칠도 진하게 했다.

그림을 다 그리고 남자들은 사냥을 나갔고, 여자들은 열매를 채집했다. 여자들이 남자들을 기다리고 있는데 남자들이 아까 그렸던 것만큼 큰 코뿔소를 잡아 왔다. 우리는 "경사 났네, 경사 났어." 라고 하면서 덩실덩실 춤을 추었다. 모두 한자리에 모여 고기를 나누어 먹었다. 양이 많아서 오랫동안 맛있게 먹을 수 있을 것 같다.

[대현초4 하지영]

**제목 : 불이다! 불!**　　　　**날씨 : 맑음**

나는 오늘 어른들과 함께 사냥하러 갔다. 우리는 땅을 파서 함정을 만들고 풀 속에 숨어서 동물들이 오기를 기다렸다. 그때, 토끼 6마리가 떼를 지어 몰려오다가 함정에 빠지고 말았다. 나는 신이 나서 후다닥 뛰어갔다. 사냥해서 잡은 토끼를 들고 동굴로 돌아갔다. 여자들은 기뻐서 춤을 추었다.

그런데 갑자기 우르릉 쾅쾅하는 소리가 들리더니 화산이 폭발했다. 용암의 불꽃이 날아와서 토끼의 몸에 불이 붙었다. 사람들은 처음 보는 불을 무서워했다. 나는 용기를 내서 불을 발로 밟았다.

"앗, 뜨거워!" 너무 뜨거워서 울음을 터뜨렸다. 옆에 있는 사람 중 한 명이 불에 탄 토끼 근처로 가더니 토끼 고기를 먹어 보았다. 나도 먹어 보았다. 음, 너무나 맛있었다. 사람들은 신기해 하며 다음부터는 고기를 불에 구워 먹어야겠다고 했다.

[대현초4 하태영]

## 역사와 뛰놀기
**생각책 018쪽**

1. 😊 엄지발가락은 크고 나머지 발가락은 크기가 작다. 길쭉한 모양인데 가운데 부분은 움푹 파여서 땅에 닿지 않는다.

2. 😊 코끼리 발은 발가락이 없고 바닥이 평평하다. 개는 발뒤꿈치가 없고 길이가 매우 짧다. 오랑우탄과 고릴라의 발은 엄지발가락과 나머지 발가락의 사이가 매우 멀다. 그래서 손처럼 보인다. 곰 발바닥 모양이 사람 발바닥 모양과 가장 비슷하다. 그러나 곰 발바닥은 넓적하고 사람의 발바닥은 길쭉하다.

# 02 신석기 시대 사람들은 어떻게 살았을까?

기원전 8000년경

**학습 목표**
1. 신석기 시대 사람들의 생활 모습을 알아본다.
2. 농사짓기가 사람들의 생활에 어떤 변화를 가져왔는지 생각해 본다.
3. 보드게임으로 신석기 시대 사람들의 생활을 알아본다.

## 생각 한 걸음
생각책 022쪽

1 강가나 바닷가, 섬 같은 물가 (한국사 편지 1권 27쪽 참고)
2 빗살무늬 토기 (한국사 편지 1권 29쪽 참고)
3 동물의 가죽으로 만든 옷, 식물에서 뽑아낸 실로 짠 옷감으로 만든 옷 (한국사 편지 1권 29쪽 참고)
4 정착 생활 (한국사 편지 1권 35쪽 참고)
5 농업 혁명 (한국사 편지 1권 37쪽 참고)
6 따뜻한 날씨, 풍부한 물, 농사 기술과 도구의 발달 때문이다. (한국사 편지 1권 28쪽, 36~37쪽 참고)

## 생각 두 걸음
생각책 023~025쪽

1 😊 구석기 시대의 도구인 뗀석기는 돌을 부딪쳐 떼어 내서 만들었다. 석기의 모양이 다양하고 끝이 뾰족하다. 신석기 시대의 도구인 간석기는 돌을 갈아서 만들었다. 크기가 작아졌고 더 날카로워졌으며, 종류도 다양해졌다.
2 😊 거북, 사슴, 멧돼지, 사냥꾼, 고래, 고래잡이 배, 물고기를 그물로 잡고 있는 모습, 그물이나 울타리에 갇혀 있는 짐승, 사람 얼굴 등
3

[😊 😊] 표시는 이 책으로 공부한 어린이들이 실제로 쓴 답안 중에서 적절한 것을 골라 실은 것입니다. 만약 지금 문제를 풀고 있는 어린이가 다소 다른 대답을 하더라도 문항의 핵심을 충분히 이해했다면 어린이의 다양한 생각을 존중해 주세요.

4 😊 사냥을 떠난 사람들이 무사히 돌아오기를 바라는 마음과 사냥이 잘되기를 기원하는 마음에서 그랬을 것이다.

😊 사냥하는 방법을 가르쳐 주거나 멋진 그림을 다른 사람들에게 보여 주고 싶어서 그랬을 것이다.

## 깊이 생각하기
생각책 026쪽

1 😊 농사를 지을 수 있는 충분한 물과 기름진 땅, 식물이 잘 자랄 수 있는 날씨, 농사를 짓는 데 도움이 되는 도구, 일할 수 있는 사람이 필요하다.

2 😊 먹을 것을 찾아 여기저기 떠돌지 않게 되었다. 농사를 지은 곡식이 자랄 때까지 한 곳에 살면서 목축도 시작하게 되었다.

😊 먹을 것이 풍부해졌고, 영양상태도 좋아졌다.

😊 곡식을 담을 그릇이 발달했다.

😊 농사를 지으면서 남는 곡식이 생겼다. 곡식을 많이 가진 사람과 적게 가진 사람이 생기면서 불평등이 생겼다.

3 😊 먹고 남은 식량을 힘센 사람이 모두 갖게 되었을 것이다. 그러다 보니 마을 안에 부자와 가난한 자가 생겼을 것이다.

😊 남은 곡식을 저장해 두었다가 다음 해에 식량이 떨어졌을 때 먹었을 것이다.

😊 주변에 먹을 것이 부족한 사람에게 나누어 주었을 것이다.

😊 다음 해 농사에 쓰려고 좋은 씨앗만 골라서 잘 보관해 두었을 것이다.

## 생각 펼치기
생각책 027쪽

이 책으로 공부한 어린이들의 실제 답안을 그대로 실었습니다. 어린이들의 다양한 생각과 관심을 파악할 수 있을 것입니다.

〈곡식을 잘 재배하는 쑥키워 씨 인터뷰〉

기자: 쑥키워 씨, 안녕하세요? 곡식을 재배하시죠? 처음 어떻게 곡식을 재배하게 됐나요?

쑥키워: 저는 우연히 땅에 떨어진 곡식이 며칠 후 싹이 트는 것을 보았습니다. 그 뒤로 싹에 물을 주며 키우다 보니 곡식이 나오더군요.

| | |
|---|---|
| 기자: | 그렇군요. 혹시 많아진 곡식 덕분에 좋아진 것이 있나요? |
| 쑥키워: | 당연하죠! 지난해 먹을 것을 구하지 못해서 겨울을 견디기 힘들었는데, 이제는 재배한 곡식이 먹고도 남을 지경입니다. |
| 기자: | 그렇군요. 쑥키워 씨, 지금까지 인터뷰해 주셔서 감사합니다. 이상, 쑥키워 씨 인터뷰였습니다. |

[황룡초5 최서영]

### 〈움집을 잘 짓는 최고집 씨 인터뷰〉

| | |
|---|---|
| 기자: | 안녕하세요, 최고집 씨! 신석기를 빛낸 인물로 뽑힌 소감이 어떠신가요? |
| 최고집: | 아, 굉장한 영광입니다. 제가 한 것은 집을 열심히 지은 것밖에 없는데 말이죠. |
| 기자: | 최고의 집을 지으셨다는 것은 그만한 이유가 있을 텐데요. 혹시 비결은 뭔가요? |
| 최고집: | 아, 그건 일급비밀이라서 말하기가 조금 곤란한데요. |
| 기자: | 에이, 그냥 한번 말해 주세요. |
| 최고집: | 알겠습니다. 그 비밀은 줄에 있지요. 기둥을 엮는 줄을 질기고 강한 줄로 하면 집의 뼈대가 튼튼해지지요. |
| 기자: | 감사합니다. 앞으로는 어떤 집을 지으실 예정인가요? |
| 최고집: | 네, 앞으로는 지진을 견딜 수 있는 튼튼한 집을 만들려고 합니다. |
| 기자: | 최고집 씨 인터뷰가 끝났습니다. 지금까지 추 기자였습니다. |

[염리초5 추민재]

### 〈가축을 잘 기르는 잘길러 씨 인터뷰〉

| | |
|---|---|
| 기자: | 안녕하세요? 잘길러 씨, 반갑습니다. |
| 잘길러: | 네, 안녕하세요? |
| 기자: | 잘길러 씨가 이 마을에서 가축을 가장 잘 키우신다고 들었습니다. |
| 잘길러: | 네, 다들 그렇다고 하네요. 허허허. 제가 키우는 가축들은 |

|     |                                                           |
| --- | --------------------------------------------------------- |
|     | 모두 건강하고 튼실하지요. 제가 키우는 가축들을 한번 보시겠어요? |
| 기자: | 놀랍군요! 어떻게 이렇게 가축을 건강하게 잘 키우실 수 있었나요? |
| 잘길러: | 가축은 좋은 먹이와 쾌적한 환경, 그리고 키우는 사람의 정성이 있으면 건강하게 잘 자란답니다. |
| 기자: | 그렇군요. 그럼 잘 자란 가축들은 어디에 쓰이게 되나요? |
| 잘길러: | 개는 사냥에 도움을 주고, 돼지는 식량을 확보하기에 좋습니다. |
| 기자: | 네, 잘 알겠습니다. 이상으로 목축을 잘하는 잘길러 씨 인터뷰였습니다. |

[대화초6 정 솔]

# 역사와 뛰놀기
생각책 **028**쪽

〈신석기 퀴즈 정답〉

| 신석기 퀴즈 01 | 간석기 | 신석기 퀴즈 02 | 화덕 |
| --- | --- | --- | --- |
| 신석기 퀴즈 03 | × | 신석기 퀴즈 04 | 빗살무늬 토기 |
| 신석기 퀴즈 05 | 돌보습 | 신석기 퀴즈 06 | ○ |
| 신석기 퀴즈 07 | × | 신석기 퀴즈 08 | 갈돌과 갈판 |
| 신석기 퀴즈 09 | 강가, 바닷가 | 신석기 퀴즈 10 | 피, 조, 기장, 수수 |
| 신석기 퀴즈 11 | ○ | 신석기 퀴즈 12 | 동물 뼈 |
| 신석기 퀴즈 13 | ○ | 신석기 퀴즈 14 | 개 |
| 신석기 퀴즈 15 | 울산 반구대 바위그림 | 신석기 퀴즈 16 | 그물추 |
| 신석기 퀴즈 17 | 정착 생활 | 신석기 퀴즈 18 | 토기 |
| 신석기 퀴즈 19 | 농업 혁명 | 신석기 퀴즈 20 | 땅에 파묻어 사용하거나 망태 같은 것을 만들어 들고 다녔을 것이다. |
| 신석기 퀴즈 21 | 목축 | 신석기 퀴즈 22 | 움집 |
| 신석기 퀴즈 23 | 뿔괭이 | 신석기 퀴즈 24 | 석기 시대 |

# 03 청동기 시대와 최초의 나라, 고조선

기원전 2300년경

**학습 목표**
1. 청동기의 등장으로 변화된 사회 모습을 알아본다.
2. 고조선 건국을 통해 국가 성립 과정을 알아본다.
3. 청동 거울과 청동 방울에 무늬를 디자인해 본다.

## 생각 한 걸음
생각책 032쪽

1 싸움을 잘하거나 지혜가 남달리 뛰어나 남들의 존경을 받거나 재산이 많은 사람이 지배자가 되었다. (한국사 편지 1권 43쪽 참고)
2 청동검, 청동 거울, 청동 방울 (한국사 편지 1권 44~46쪽 참고)
3 거푸집 (한국사 편지 1권 44쪽 참고)
4 고조선 (한국사 편지 1권 47쪽 참고)
5 건국 신화 (한국사 편지 1권 47쪽 참고)
6 '단군'은 제사를 주관하는 제사장을 말한다. '왕검'은 정치를 주관하는 사람을 말한다. (한국사 편지 1권 50쪽 참고)

## 생각 두 걸음
생각책 033~035쪽

1 👦 큰 돌, 조약돌, 흙, 통나무, 밧줄, 돌을 운반할 많은 사람, 기술자, 좋은 날씨, 일하는 사람들이 먹을 음식, 사람들을 모을 수 있는 권력, 지도자의 지혜 등.
2 👧 큰 돌을 준비한다. → 받침돌을 밧줄로 묶는다. → 통나무를 이용해 받침돌을 운반한다. → 받침돌을 세운다. → 받침돌 주변에 흙을 쌓는다. → 덮개돌을 밧줄로 묶는다. → 통나무를 이용해 덮개돌을 위로 끌어 올린다. → 받침돌 주변의 흙을 치운다.

[👦 👧] 표시는 이 책으로 공부한 어린이들이 실제로 쓴 답안 중에서 적절한 것을 골라 실은 것입니다. 만약 지금 문제를 풀고 있는 어린이가 다소 다른 대답을 하더라도 문항의 핵심을 충분히 이해했다면 어린이의 다양한 생각을 존중해 주세요.

3

## 깊이 생각하기
생각책 036쪽

1 😊 나라를 세운 사람이 특별한 사람이고 선택받은 사람이라는 것을 강조하여 백성들의 존경심을 얻으려고 신비롭게 표현했다.
👧 자신의 나라를 더 멋지게 보이려고 신비롭게 표현했으며, 사람들 입에서 입으로 전해지면서 점점 더 신비롭게 바뀌었다.

2 😊 지배자는 백성을 다스리고 제사를 지내는 일을 했다. 농사를 중요하게 여기는 사회였기 때문에 신에게 제사를 지내는 일을 지배자가 맡아서 했다.
👦 지배자는 백성들을 잘 다스리기 위해 법을 만들고 전쟁이 났을 때 전쟁에서 이길 수 있도록 백성들을 지휘했다.

3 😊 청동기 시대에 강력한 지배자가 나타났기 때문이다. 이 지배자는 청동기를 이용해 주변 부족들과 싸우며 더 많은 땅을 갖게 되었다. 넓어진 땅을 잘 다스리기 위해 국가를 세웠다.
👧 농사를 본격적으로 짓게 되면서 먹을 것이 풍족하여 인구가 많아졌기 때문이다. 많은 식량과 인구를 바탕으로 힘이 세진 부족이 전쟁을 통해 땅을 넓히며 국가를 세웠다.

## 생각 펼치기

**생각책 037쪽**

이 책으로 공부한 어린이들의 실제 답안을 그대로 실었습니다. 어린이들의 다양한 생각과 관심을 파악할 수 있을 것입니다.

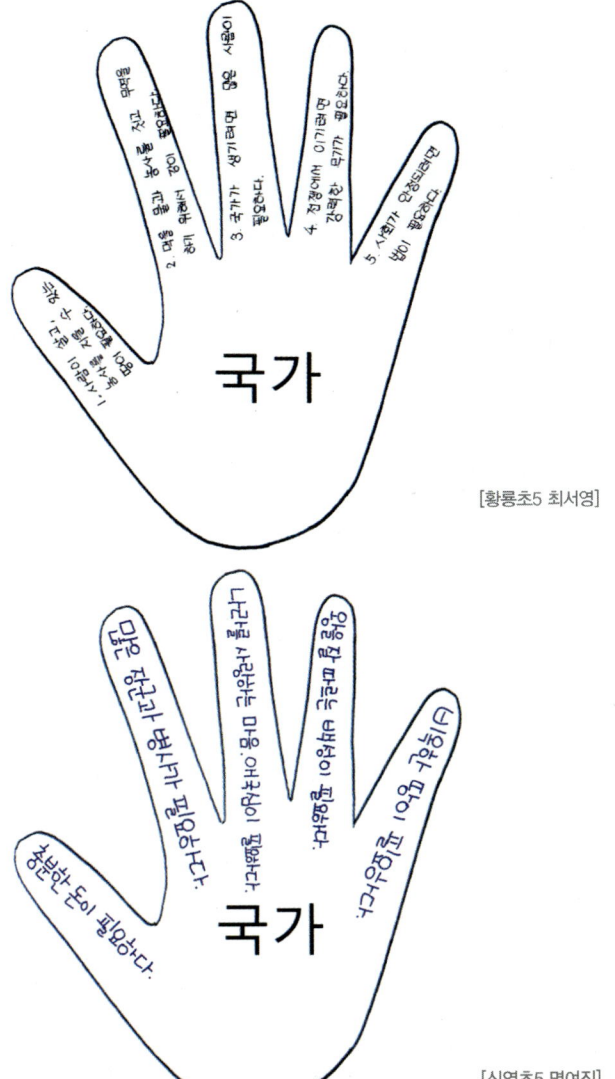

[황룡초5 최서영]

[신영초5 명여진]

## 역사와 뛰놀기

**생각책 038쪽**

[대화초4 김서현]

[황룡초5 최서영]

# 고조선 사람들은 어떻게 살았을까?

**기원전 1000년경**

## 04

**학습 목표**
1. 고조선 사람들의 생활 모습을 알아본다.
2. 고조선의 발전과 멸망에 대해 알아본다.
3. 농경무늬 청동기로 허리띠를 만들어 본다.

### 생각 한 걸음
생각책 042쪽

1 돌 (한국사 편지 1권 57쪽 참고)
2 민무늬 토기 (한국사 편지 1권 59쪽 참고)
3 쪽구들 (한국사 편지 1권 60쪽 참고)
4 공무도하가 (한국사 편지 1권 61쪽 참고)
5 한나라 (한국사 편지 1권 67쪽 참고)
6 단군왕검이 세운 조선과 위만이 다스린 조선을 구별하기 위해서이다. (한국사 편지 1권 69쪽 참고)

### 생각 두 걸음
생각책 043~045쪽

[😊😊] 표시는 이 책으로 공부한 어린이들이 실제로 쓴 답안 중에서 적절한 것을 골라 실은 것입니다. 만약 지금 문제를 풀고 있는 어린이가 다소 다른 대답을 하더라도 문항의 핵심을 충분히 이해했다면 어린이의 다양한 생각을 존중해 주세요.

1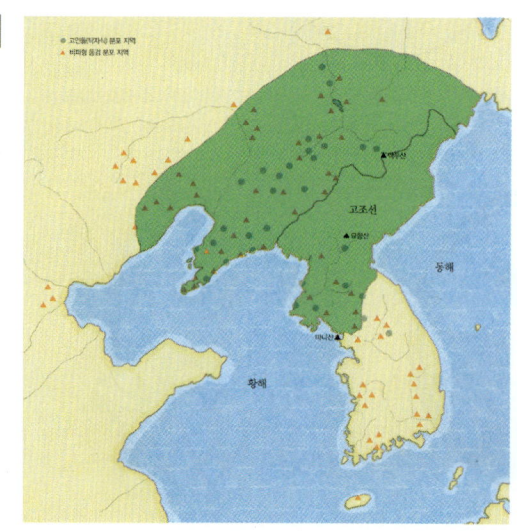

😊 고조선 세력 범위가 아주 넓다. 세력 범위 밖에서도 유물이 발견되는 걸 보면 고조선이 다른 지역과 교류했던 것 같다.

## 2.3

| | | |
|---|---|---|
|  | **가지 방울, 청동 거울, 청동 방울** | 청동 거울을 목에 걸고 손에는 청동 방울을 들고 제사를 지낸다. |
|  | **돌낫, 따비, 돌자귀, 반달 돌칼** | 밭에서 따비로 돌과 나무뿌리를 캐낸다.<br>돌낫이나 반달 돌칼로 잘 익은 이삭을 잘라 수확한다.<br>돌자귀로 나무를 깎아 다듬는다. |
|  | **쇠뇌** | 전쟁을 할 때 쇠뇌를 사용해 적과 싸운다. |
|  | **돌솥과 돌절구, 토기** | 돌절구로 곡식을 빻아 돌솥에 밥을 한다. |

## 깊이 생각하기
생각책 046쪽

1. 고조선에 철기가 들어와서 나라가 강해졌다고 생각한다. 위만이 철기를 가져온 이후 철로 만든 농기구로 전보다 많은 곡식을 생산하게 되어 경제적으로 부유해졌고, 철기로 무장한 강력한 군대를 가질 수 있게 되었다.

2. 고조선의 성장에 위협을 느낀 한나라가 쳐들어왔다. 고조선은 처음에는 한나라 군사들을 잘 막았지만 지배층이 화해하자는 쪽과 계속 싸우자는 쪽으로 나뉘어 서로 다투었다. 결국 화해하자는 쪽이 우거왕과 고조선을 배신하면서 멸망하게 되었다.

한나라는 고조선이 중계 무역을 하면서 진국을 포함한 남쪽의 여러 나라들이 한나라와 교역하는 것을 가로막는 것을 얄밉게 생각했으며, 고조선이 더 강한 나라가 되는 것을 부담스러워했다. 한나라는 고조선이 더 강한 나라가 되기 전에 무너뜨려야겠다고 생각했고 쳐들어오게 되었다. 그래서 고조선이 멸망하게 되었다고 생각한다.

**3** 😊 고조선이 멸망한 후 고조선 사람들은 중국 땅으로 끌려가서 노비가 되었을 것이다.

😊 한나라가 고조선 땅에 세운 4개의 군(낙랑, 진번, 임둔, 현도)에 저항하면서 다시 고조선을 세우려고 노력했을 것이다.

😊 우거왕을 배신한 지배층들은 한나라에 항복하고 한나라에서 벼슬을 받고 잘 살았을 것이다.

😊 고조선 주변이나 남쪽에 있던 여러 나라로 흩어져서 도움을 구하고 그 나라 사람이 되었을 것이다.

## 생각 펼치기

**생각책 047쪽**

이 책으로 공부한 어린이들의 실제 답안을 그대로 실었습니다. 어린이들의 다양한 생각과 관심을 파악할 수 있을 것입니다.

- 조목 : 자연을 파괴한 자는 나무 다섯 그루를 심는다.
  이유 : 사람들이 자연을 파괴하는 것을 막기 위해 만들었다.
- 조목 : 남의 집에 불을 지르는 자는 죄인의 집도 똑같이 불을 지른다.
  이유 : 불을 지르는 것이 나쁜 짓이라는 것을 알게 하려고 무거운 벌을 내린다.
- 조목 : 죄인을 숨겨 준 자는 몽둥이로 30대를 맞는다.
  이유 : 죄인을 숨기는 것을 막기 위해 만들었다.

[신영초5 명여진]


- 조목 : 어른이 어린아이를 때리면 곡식 50가마니로 갚는다.
  이유 : 어린아이는 나중에 크면 나라에 도움이 되는 사람이 되기 때문에 보호해야 한다.
- 조목 : 백성들은 이익의 10분의 1을 나라에 세금으로 낸다.
  이유 : 나라를 운영하려면 돈이 필요하기 때문이다.
- 조목 : 물건을 팔 때 사람을 속여 이익을 얻었을 경우 피해자에게 50배로 되돌려 준다.
  이유 : 장사는 정직하게 해야 하기 때문이다.

[연가초4 조승아]

## 역사와 뛰놀기
생각책 **048**쪽

[일월초4 이현아]   [대화초4 김민서]

## 05 기원전 400년경
# 고조선 다음에는 어떤 나라들이 있었을까?

**학습 목표**
1. 고조선 이후 등장한 나라의 특징을 알아본다.
2. 고조선 이후 등장한 나라의 생활 모습을 알아본다.
3. 솟대를 만들어 본다.

## 생각 한 걸음
생각책 **052**쪽

1 부여, 고구려, 옥저, 동예, 삼한(마한, 진한, 변한) (한국사 편지 1권 73쪽 참고)
2 《삼국지》 위서 동이전 (한국사 편지 1권 73쪽 참고)
3 가축의 이름 (한국사 편지 1권 76쪽 참고)
4 신부가 열 살이 되면 약혼을 하고 신랑감의 집에 가서 어른이 될 때까지 살다가, 신랑이 신부의 몸값을 치른 다음 결혼을 하는 제도이다. (한국사 편지 1권 78쪽 참고)
5 동예 (한국사 편지 1권 79쪽 참고)
6 벼농사를 지었다. (한국사 편지 1권 80쪽 참고)

## 생각 두 걸음
생각책 053~054쪽

[😊 👧] 표시는 이 책으로 공부한 어린이들이 실제로 쓴 답안 중에서 적절한 것을 골라 실은 것입니다. 만약 지금 문제를 풀고 있는 어린이가 다소 다른 대답을 하더라도 문항의 핵심을 충분히 이해했다면 어린이의 다양한 생각을 존중해 주세요.

1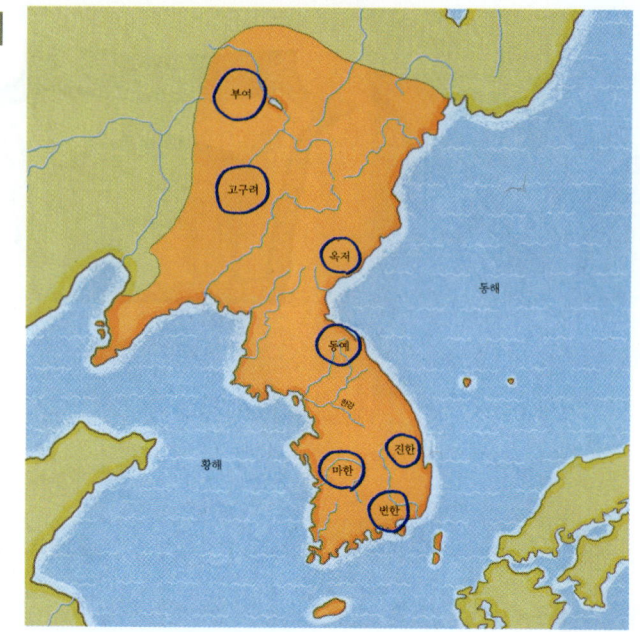

2 😊 이 시대 사람들은 옥, 황금, 철, 흙 등을 이용해 다양한 물건을 만들었다. 꾸미는 것을 좋아해서 목걸이나 허리띠 같은 장식품을 만들었다. 벼농사를 지으면서 저수지를 만들었고, 토기와 철로 만든 농기구도 사용했다.

## 깊이 생각하기
생각책 055~056쪽

1 😊 한 해 농사를 잘되게 해 주는 하늘에 감사하기 위해서 제사를 지냈다.
👧 모든 백성들이 함께 노래하고 춤추면서 마음을 하나로 뭉치기 위해서 제사를 지냈다.
👦 풍년을 가져다 주고 생명을 지켜 주는 하늘을 신으로 섬기기 위해 제사를 지냈다.
👧 나라를 세운 시조신을 섬기기 위해 제사를 지냈다.

2 😊 세 나라의 공통점은 고구려와 닮은 점이 많다는 것이다. 부여의 건국 신화는 고구려의 건국 신화와 거의 똑같고, 동예는 언어와 풍습 그리고 활을 잘 만드는 것이 고구려와 닮았다. 옥저는 고구려와 음식, 옷, 예절, 성품 등 여러 면에서 비슷했다.

3 👧 나라를 통합할 수 있는 강력한 지배자가 있어야 한다.

👦 나라의 질서를 세우고 백성들을 공정하게 다스릴 수 있는 법이 필요하다.
👨 세금을 잘 내고, 전쟁을 할 때 용감하게 싸울 수 있는 백성이 많이 있어야 한다.

## 생각 펼치기
생각책 **057**쪽

이 책으로 공부한 어린이들의 실제 답안을 그대로 실었습니다. 어린이들의 다양한 생각과 관심을 파악할 수 있을 것입니다.

바닷가 용궁에 '옥'이라는 용왕의 아들이 있었다. 옥은 물 밖 세상이 궁금하여 나가 보고 싶었다. 용왕의 허락을 얻어 물 밖 세상으로 나왔는데, 잘 먹지도 못하고 비참하게 살아가는 사람들의 모습을 보게 되었다. 옥은 그 곳에 나라를 세우고 사람들을 풍족하게 살아가게 하고 싶었다. 용왕은 옥의 소원을 들어주었고 옥에게 바다를 다스리는 힘도 주었다.

옥은 나라 이름을 자신의 이름과 아버지의 성을 따서 '옥저'라고 지었다. 바다를 다스리는 힘을 가진 옥은 소금을 만들고, 물고기를 잡아서 백성들에게 주고 다른 나라에 수출도 했다. 이렇게 해서 옥저의 사람들은 풍족한 삶을 살 수 있었다.

[황룡초5 최서영]

함경도 지역에 사는 사람들은 낚시를 많이 했다. 고기를 너무 많이 잡아서 바다의 용왕이 노하였다. 그래서 사악한 자들을 죽이는 거대한 파도를 보냈다. 많은 사람이 죽었고, 두 쌍의 부부가 살아남았다. 그중 한 쌍의 부부가 바다 속으로 뛰어들어 용왕의 화를 가라앉히려고 하였다. 그러나 아직 화가 덜 풀린 용왕은 두 사람이 자신의 궁궐로 헤엄쳐 오는 것을 보고는 또다시 화가 났다. 이번에는 급류를 만들어 그 부부를 죽게 했다. 그 부부의 시체가 소금 한 주먹이 되어서 떠내려가다가 점점 소금이 뭉쳐서 사내아이가 되었다. 살아있던 나머지 한 쌍의 부부가 사내아이를 발견했다. 부부는 소금으로 만들어진 아이의 이름을 '염아'라고 지었다. 그 아이가 자라서 옥저를 세우게 되었다.

[염리초5 추민재]

## 역사와 뛰놀기
생각책 058쪽

[일월초3 김병철]

# 삼국과 가야의 건국 이야기
기원전 37년경

## 06

**학습 목표**
1. 삼국과 가야의 건국 신화를 알아본다.
2. 삼국과 가야의 건국 과정을 알아본다.
3. 생활 소품을 이용해 활을 만들어 본다.

## 생각 한 걸음
생각책 062쪽

1

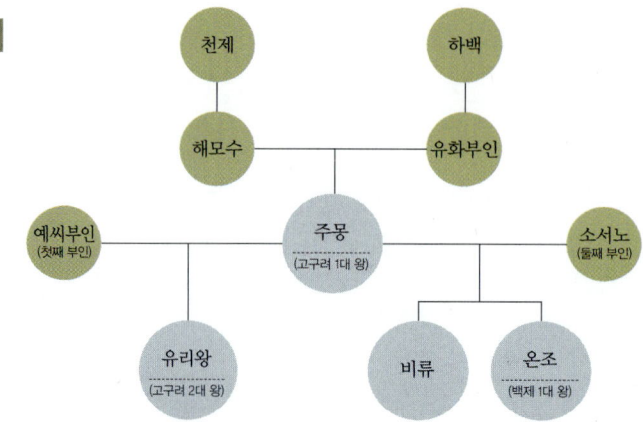

(한국사 편지 1권 89~91쪽 참고)

2 박 : 아기가 태어난 알이 둥근 박처럼 생겼다.
  혁거세 : 세상을 밝게 한다. (한국사 편지 1권 94쪽 참고)

3 가야 (한국사 편지 1권 97쪽 참고)

4 모두 알에서 태어났다. 하늘과 관련이 있다. 신이 등장한다. 신비로운 느낌을 준다. (한국사 편지 1권 88~95쪽 참고)

5 여러 가야가 하나로 통일되어 강력한 나라를 이루기 전에 신라에게 정복당했기 때문이다. (한국사 편지 1권 99쪽 참고)

## 생각 두 걸음
### 생각책 063~065쪽

[😊😊] 표시는 이 책으로 공부한 어린이들이 실제로 쓴 답안 중에서 적절한 것을 골라 실은 것입니다. 만약 지금 문제를 풀고 있는 어린이가 다소 다른 대답을 하더라도 문항의 핵심을 충분히 이해했다면 어린이의 다양한 생각을 존중해 주세요.

1

2 高句麗 / 百濟 / 新羅 / 加耶

3 😊😊

말 탄 무사 모양 토기

전쟁에 나가는 가야 장군의 모습을 토기로 만들어서 전쟁에서 목숨을 바친 장군의 무덤에 함께 묻었을 것 같다.

| | |
|---|---|
|  수레 바퀴 모양 토기 | -장식용으로 집 안에 두었을 것이다.<br>-귀중품을 보관하는 용도로 쓰였을 것이다.<br>-아이들의 장난감으로 사용했을 것 같다. |
|  오리 모양 토기 | -두 마리의 오리가 있는 것으로 보아 두 사람이 술을 따르고 마셨을 것 같다.<br>-촛대로 사용했을 것이다. |
|  짚신 모양 토기 | 짚신 모양 토기 위에 잔을 올려놓고 술을 마셨을 것 같다. 바로 술을 부을 수가 없기 때문에 잔 받침으로 쓰였을 것 같다. |
|  집 모양 토기 | -아이들이 소꿉놀이를 하는 데 사용했을 것 같다.<br>-실제로 집을 짓기 전에 미리 시험 삼아 만들어 보고 문제를 점검해 보는 용도로 만들었을 것 같다. |
|  사슴 토우가 붙은 토기 | -토기의 구멍으로 수도꼭지처럼 물이 떨어지도록 해서 잔에 따랐을 것 같다.<br>-사슴 장식이 멋져서 집안의 가장 중요한 곳에 장식품으로 두었을 것 같다. |

## 깊이 생각하기

생각책 066쪽

1. 백성들이 나라를 건국한 사람을 신성하게 여기고 잘 따르도록 하기 위해 알에서 태어났다고 했을 것이다. 다수의 사람들을 복종시키고 통치하기 위해서는 특별한 사람이 왕이 되어야 했다. 그래서 출생부터 특별하게 표현한 것이다.

    당시 사람들은 새를 특별한 존재로 생각했다. 그렇게 특별한 존재가 자신들의 소원과 하늘의 뜻을 전해 줄 것이라고 여겨서 시조가 알에서 태어났다고 생각했다.

2. 가야에서 품질 좋은 철이 많이 생산되었기 때문이다. 많이 생산된 철을 이용해 철갑옷과 투구 등을 만들었고, 중국과 일본 등에 수출하여 부유한 나라가 되었기 때문에 철의 나라라고 불렀다.

**3** 👦 넓은 영토를 얻기 위해 전쟁을 했다고 생각한다. 전쟁에서 승리한 나라는 패배한 나라의 모든 것을 가질 수 있었다. 전쟁에서 이기면 영토가 넓어지고 영토로 인해 많은 것을 얻을 수 있기 때문에 전쟁을 많이 했을 것이다.

😊 고구려, 백제, 신라는 서로 경쟁하면서 다른 나라를 이기기 위해서 전쟁을 했다고 생각한다.

👧 농사를 지을 때 필요한 노동력을 얻기 위해 전쟁을 했다고 생각한다. 삼국은 농사를 중요하게 여겼기 때문에, 농사에 많은 인력이 필요했다. 전쟁을 통해 사로잡은 상대 국가의 백성들을 노비로 삼아 농사에 필요한 노동력을 얻었을 것이다.

## 생각 펼치기
**생각책 067쪽**

이 책으로 공부한 어린이들의 실제 답안을 그대로 실었습니다. 어린이들의 다양한 생각과 관심을 파악할 수 있을 것입니다.

아버지께

온조입니다. 저는 비류 형님이 왕이 될 줄 알았습니다. 그러나 아버지께서 유리 형님을 태자로 삼으시니 저는 크게 실망했습니다. 비류 형님이 아버지 곁을 지킨 세월에 비하면 유리 형님이 아버지 곁을 지킨 것은 먼지 한 톨에 불과합니다. 저와 비류 형님은 큰 뜻을 품고서 남쪽으로 가서 나라를 세우려고 합니다. 그러니 조금의 후원이라도 해 주시길 바랍니다. 만일 아버님의 마음이 바뀌시어 비류 형님을 태자로 삼는다고 하여도 저희는 다시 고구려로 돌아오지 않을 것입니다. 이제 아버님과 제가 헤어질 때가 된 것 같군요.

아버지, 건강하시고, 안녕히 계십시오.

아버지의 아들 온조 올림

[염리초5 추민재]

사랑하는 남편 주몽에게

저는 비류, 온조와 함께 새로운 나라를 세우려고 합니다. 비류가 태자가 되지 않고 유리가 태자가 되어서 화가 나기도 했지만, 그렇다고 쉽게 고구려를 떠날 수는 없었습니다. 이곳은 내가 태어나고 자란 곳이기 때문입니다.

그러나 비류와 온조가 고민 끝에 결정한 일이어서 어쩔 수가 없게 되었습니다. 당신의 나라, 고구려와 적이 되는 것은 이루 말할 수 없는 고통입니다. 두렵기도 하고, 무섭기도 하였습니다. 하지만 이미 결정한 일이라 어쩔 수가 없습니다. 정말 아쉽습니다. 곁에 있어 주지 못해서 미안합니다. 앞으로 고구려가 멋진 나라가 되기를 응원하겠습니다. 사랑합니다.

주몽을 사랑하는 소서노 올림

[신영초5 명여진]


아버지 주몽에게

아버지, 저 비류입니다. 위례성에서 미추홀로 말고삐를 돌리며 이 편지를 씁니다.

솔직히 저는 아버지가 원망스럽습니다. 어떻게 이복형제인, 그것도 당신이 쫓겨 나온 나라에서 낳은 유리를 태자로 삼으실 수 있습니까? 아무리 생각해 봐도 이해할 수가 없습니다.

두고 보십시오. 저는 저만의 나라를 세워, 아버지의 나라보다 훨씬 더 강한 나라로 거듭날 것입니다. 긴장하고 계셔야 할 겁니다.

안녕히 계십시오.

비류 올림

[대화초6 정 솔]

## 역사와 뛰놀기
**생각책 068쪽**

[일월초3 김병철]

## 07 427년경 동북아시아를 주름잡은 파워 고구려

**학습 목표**
1. 고구려의 전성기를 알아본다.
2. 고구려의 대외 관계를 알아본다.
3. 조우관을 만들어 본다.

1 광개토 대왕, 장수왕 (한국사 편지 1권 106~110쪽 참고)
2 평양성(오늘날 평양) (한국사 편지 1권 109쪽 참고)
3 나제 동맹 (한국사 편지 1권 110쪽 참고)
4 한강유역 (한국사 편지 1권 110쪽 참고)
5 살수대첩 (한국사 편지 1권 112쪽 참고)
6 안시성 (한국사 편지 1권 113쪽 참고)

### 생각 한 걸음
생각책 072쪽

### 생각 두 걸음
생각책 073~074쪽

[😊 👦] 표시는 이 책으로 공부한 어린이들이 실제로 쓴 답안 중에서 적절한 것을 골라 실은 것입니다. 만약 지금 문제를 풀고 있는 어린이가 다소 다른 대답을 하더라도 문항의 핵심을 충분히 이해했다면 어린이의 다양한 생각을 존중해 주세요.

2 👦 한강 남쪽에서 고구려의 유물, 유적이 발견되는 이유는 고구려가 한강 남쪽까지 땅을 넓혔으며 신라에도 세력을 미쳤기 때문이다.

😊 고구려가 신라와 교류를 했기 때문에 경주에서 광개토 대왕의 이름이 새겨진 청동 그릇이 발견되었다.

3 👦 평양성처럼 튼튼하고 높은 성이 있어서 고구려 군사들은 공격해 오는 적을 잘 방어하며 싸웠을 것 같다. 또 대성산성처럼 성이 산속에 있기 때문에 적들이 공격하기도 쉽지 않았을 것이다.

👧 고구려 사람들은 말을 다루는 기술이 뛰어나서 무기를 들고 말을 타면서도 전투를 잘했을 것 같다. 사람과 말 모두 철갑 옷을 입고 있어서 부상을 쉽게 입지 않아 더 잘 싸울 수 있었을 것이다.

😊 고구려는 훈련된 군사들의 수가 많았고, 수레를 이용해 무기나 식량을 쉽게 나를 수 있었을 것 같다.

## 깊이 생각하기
생각책 **075~076**쪽

1 😊 소수림왕은 고구려의 정치, 사회 등 각 부분을 안정시켰다. 태학을 세워 나라를 이끌어 갈 인재들을 키우고, 법을 만들어 사회의 질서를 바로잡았다. 또 불교를 들여와 왕권을 강화하고, 백성들을 한마음으로 모으는 등 고구려의 기본 틀을 탄탄히 했다. 이런 소수림왕의 노력이 있었기 때문에 광개토 대왕과 장수왕이 마음껏 나라 밖으로 힘을 펼쳐 영토 확장을 할 수 있었고 고구려는 광개토 대왕과 장수왕 때에 전성기를 이룰 수 있었다.

2 😊 고구려의 세력이 너무 커졌기 때문이다. 고구려의 세력이 더 커지면 수·당나라도 위협할 수 있기 때문에 수·당나라는 고구려를 제압하기 위해 고구려와 많은 전쟁을 했다.

👦 고구려가 수·당나라의 말을 듣지 않았기 때문이다. 수·당나라는 자신들이 동아시아의 중심이라고 생각하고 고구려도 자신들에게 복종하기를 원했지만 고구려는 굴복하지 않았다. 고구려는 수·당나라와 마찬가지로 세상의 중심이 되는 큰 나라라고 스스로 생각했다.

3 👧 큰 나라들과 싸워 이겼기 때문에 자부심이 컸을 것이다. 그래서 세상의 중심이 고구려라고 생각했을 것이다.

😊 대부분 전쟁이 일어난 곳은 고구려의 땅이었다. 그래서 많은 집

과 농지가 파괴되고 죽거나 다친 사람도 셀 수 없이 많았을 것 같다. 그러므로 대부분의 고구려 사람들은 계속되는 전쟁에 지치고 힘들었을 것이다.

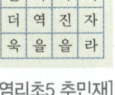 전쟁을 통해 큰 공을 세우거나, 재산을 얻은 사람은 전쟁을 좋아했을 수 있지만, 잃은 것이 많은 사람은 다시는 전쟁을 하고 싶지 않았을 것이다.

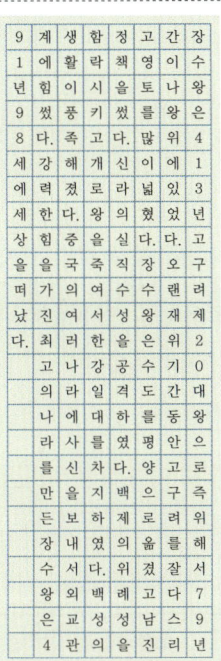

[염리초5 추민재]

[황룡초5 최서영]

[목운초6 임도윤]

## 생각 펼치기
### 생각책 077쪽

이 책으로 공부한 어린이들의 실제 답안을 그대로 실었습니다. 어린이들의 다양한 생각과 관심을 파악할 수 있을 것입니다.

[황룡초5 최서영]

[일월초4 이현아]

## 역사와 뛰놀기
### 생각책 078쪽

# 세련된 문화의 나라, 백제 525년

## 08

**학습 목표**
1. 백제의 수도 이전 과정과 변화를 알아본다.
2. 백제 문화의 특징을 알아본다.
3. 금동 대향로의 무늬를 색칠해 본다.

## 생각 한 걸음
**생각책 082쪽**

1 풍납토성, 몽촌토성, 이성산성 (한국사 편지 1권 120~121쪽 참고)
2 개로왕 (한국사 편지 1권 120~121쪽 참고)
3 웅진(오늘날 충청남도 공주) (한국사 편지 1권 120쪽 참고)
4 무령왕, 성왕 (한국사 편지 1권 127쪽 참고)
5 한강 일대 (한국사 편지 1권 127쪽 참고)
6 박사 (한국사 편지 1권 125쪽 참고)

## 생각 두 걸음
**생각책 083~085쪽**

[😊🙂] 표시는 이 책으로 공부한 어린이들이 실제로 쓴 답안 중에서 적절한 것을 골라 실은 것입니다. 만약 지금 문제를 풀고 있는 어린이가 다소 다른 대답을 하더라도 문항의 핵심을 충분히 이해했다면 어린이의 다양한 생각을 존중해 주세요.

1

| 유물 | 실제 쓰임새 | 😊🙂 |
|---|---|---|
| 상아로 만든 바둑알 | 바둑을 둘 때 사용했다. | 단추로 사용했을 것이다. |
| 은자루 유리공 | 감아 올린 머리에 꽂는 장신구로 추측 | 옷에 꽂는 옷핀. 장신구로 사용했을 것이다. |
| 무령왕비 베개 | 시신의 목을 받치는 장례용품 | 휴식할 때 팔걸이로 사용했을 것이다. |

| | | |
|---|---|---|
| 동그란 모양의 병 | 물이나 술을 담을 때 사용했다. | 술을 담는 병으로 사용했을 것이다. |
| 호자 | 남성용 소변기 | 소변을 볼 때 사용했을 것이다. |
| 무령왕 발받침 | 시신의 발을 받치는 장례용품 | 잠잘 때 발을 올려놓았을 것이다. |

2

😊 백제에서 중국의 유물들이 많이 발굴된 것을 보니 백제와 중국의 교류가 활발했다는 것을 알 수 있다. 일본에서 백제의 유물이 발굴되거나, 백제와 비슷한 유물이 발굴된 것을 보니 왜와도 교류가 활발했다는 것을 알 수 있다.

👧 백제는 요서 지방과 산둥반도, 고구려, 신라, 가야, 왜 등에 진출했고, 동진과 활발한 교류를 하며 전성기를 누렸다는 것을 알 수 있다.

## 깊이 생각하기
생각책 086쪽

1. 😊 백제의 영토가 줄었다. 한성에서 웅진, 웅진에서 사비로 수도를 옮겼다. 백제는 한강을 빼앗겼다.
2. 👩 백성들이 편안히 농사를 짓고 살 수 있도록 나라를 안정시키려고 했다.
   👦 강력한 왕권을 바탕으로 고구려에 잃었던 한강을 되찾으려고 했다.
   👧 예전의 강력한 백제로 다시 돌아가려고 노력했다.
3. 😊 농사짓기 알맞은 자연환경과 풍족한 생활 때문이다.
   👩 백제는 여러 기술 분야의 박사들이 있었기 때문에 문화가 발전할 수 있었다.
   👦 일찍부터 중국 등 여러 나라와 활발한 해외 교류를 했기 때문이다.

## 생각 펼치기
생각책 087쪽

이 책으로 공부한 어린이들의 실제 답안을 그대로 실었습니다. 어린이들의 다양한 생각과 관심을 파악할 수 있을 것입니다.

〈나제 동맹서〉

1. 지금 신라와 백제는 고구려의 압박으로 많은 군사와 땅을 잃고 있다. 그래서 동맹을 맺는 것이다.
2. 고구려의 공격으로 나라가 위험할 때 도움을 요청하면 7일 이내로 도와줍시다.
3. 고구려를 함께 공격할 때 조령에서 만납시다. 그때 병사 5천 명과 화살, 칼을 비롯한 많은 양의 무기를 가지고 옵시다.
4. 고구려의 기병을 막을 수 있는 전술을 함께 생각해 봅시다. 전염병을 이용해서 고구려를 공격하는 전술을 함께 개발해 봅시다.
5. 전쟁 시 신라 여자는 군인들의 식사를 책임지고, 백제 여자는 부상당한 병사를 치료합니다.
6. 신라의 왕자는 백제로, 백제의 왕자는 신라로 보내어, 약속을 어기면 그 왕자를 죽인다.

433년 신라의 눌지왕, 백제의 비유왕이 약속함.

[목운초6 임도윤]

〈나제 동맹서〉

1. 고구려가 멸망하기 전까지 백제와 신라는 서로 전쟁하지 않는다.
2. 전쟁이 났을 경우 도움을 요청한 후부터 2주 안에 군사를 보내야 한다.
3. 신라와 백제가 함께 전쟁에 참여할 경우 지휘권은 각 나라 대표들이 의논해서 결정한다.
4. 신라와 백제의 병사가 전쟁을 하는 동안 똑같은 의식주를 제공받아야 한다.
5. 신라와 백제가 함께 전쟁에 참여해서 승리하면, 얻게 된 땅은 똑같이 나눈다.
6. 신라와 백제가 함께 전쟁에 참여해서 패배할 경우에는 서로에게 어떠한 책임도 묻지 않는다.
7. 위의 조약을 지키지 못하면 쌀 1천 가마니와 노비 600명을 줄 것을 맹세한다.

433년 0월 00일 0요일

신라왕 　　　　　(인)　　　백제왕 　　　　　(인)

[황룡초5 최서영]

## 역사와 뛰놀기
생각책 088쪽

[연가초4 조승아]

# 삼국 문화의 키워드, 불교

**527년**

**09**

**학습 목표**
1. 불교의 전래 과정을 알아본다.
2. 삼국 시대 불교의 특징을 알아본다.
3. 이차돈의 이야기를 시나리오로 써 본다.

## 생각 한 걸음
**생각책 092쪽**

1 신라 (한국사 편지 1권 135쪽 참고)
2 전진, 동진 (한국사 편지 1권 135쪽 참고)
3 법흥왕 (한국사 편지 1권 138쪽 참고)
4 왕실의 보호를 받으면서 퍼져 나갔다. 옛날부터 내려오는 신앙과 조화를 이루었다. (한국사 편지 1권 139쪽 참고)
5 백제 (한국사 편지 1권 141쪽 참고)
6 아스카 문화 (한국사 편지 1권 141쪽 참고)

## 생각 두 걸음
**생각책 093~095쪽**

[😊👩] 표시는 이 책으로 공부한 어린이들이 실제로 쓴 답안 중에서 적절한 것을 골라 실은 것입니다. 만약 지금 문제를 풀고 있는 어린이가 다소 다른 대답을 하더라도 문항의 핵심을 충분히 이해했다면 어린이의 다양한 생각을 존중해 주세요.

1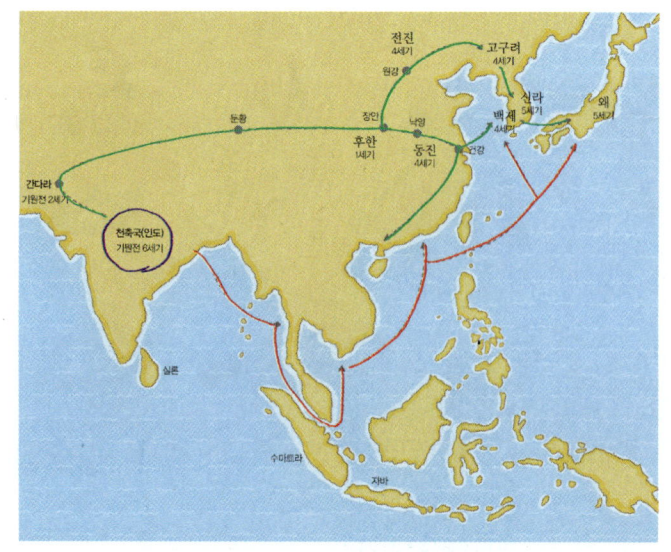

2 😊 왕은 자신이 곧 부처임을 알려 백성들이 잘 따르게 하고 자신의 힘이 세다는 것을 보여 주기 위해 많은 절과 탑을 만들게 하였을 것이다.
3 😊 삼국과 일본의 유물이 비슷하다. 삼국이 일본에 불교를 전해 주면서 여러 가지 기술과 문화를 함께 전해 주었기 때문이다.
🖐 일본이 화려한 삼국의 문화가 멋있어서 따라 했기 때문에 삼국과 일본의 유물이 비슷하다.

## 깊이 생각하기
생각책 096쪽

1 😊 법흥왕은 왕에게 맞서는 귀족들을 누르기 위해 불교를 이용해서 왕의 권위를 높이고 싶었다. 그러나 신라의 귀족들은 옛날부터 내려온 전통신앙을 믿고 있었고, 불교로 인해 왕의 힘이 강해지면 자신들의 힘이 약해질 것을 걱정했기 때문에 불교를 받아들이고 싶어 하지 않았다.
2 😊 불교가 우리나라에 들어와 예전의 신앙과 조화를 이루었기 때문이다. 불교가 들어올 당시 사람들은 하늘 신이나 산신, 칠성을 믿었다. 본래 불교는 산신과 칠성을 숭배하지 않지만 전통신앙과 만나 조화를 이루게 되었고, 그 결과 절에 산신각이나 칠성각을 함께 짓게 되었다.
3 😊 삼국은 불교를 받아들이면서 왕과 왕실의 힘이 강해지고 백성들의 마음을 하나로 모을 수 있었다. 그래서 나라가 발전하는 데 도움을 주었다.
😊 삼국은 불교를 받아들이면서 문화가 많이 발전했다. 건축, 예술, 학문 등이 발전하였고 그 문화를 이웃 나라에 전해 줄 수 있었다.

## 생각 펼치기
생각책 097쪽

〈시나리오 S#1〉
장소: 신라의 깊은 숲 속 계곡    시간: 해지기 바로 전
(늦은 오후의 햇빛이 나뭇잎 사이로 스며들고 있다. 법흥왕은 나무꾼으로 변장한 채 술 한잔을 마시며 계곡 옆에 앉아 있다.)

이 책으로 공부한 어린이들의 실제 답안을 그대로 실었습니다. 어린이들의 다양한 생각과 관심을 파악할 수 있을 것입니다.

**이차돈**: (풀숲을 헤치고 나오며) 제가 왔습니다.
**법흥왕**: 그래, 잘 왔다. 하지만 조금 늦었구나.
**이차돈**: 죄송합니다. 마음의 준비를 하느라 그랬습니다.
**법흥왕**: 아까 낮에 한 이야기를 잘 고려해 보았으나, 자네 같은 인재를 잃기는 매우 아깝네.
**이차돈**: 걱정하지 마십시오. 불교를 위해서는 저 하나쯤이야 희생할 수 있습니다.
**법흥왕**: 잘 알았다. 그럼 내일 오전에 거사를 준비하여라. 내 알아서 일을 처리할 것이니 인제 그만 가 보거라.
**이차돈**: 알겠습니다.
(지는 해를 등진 이차돈의 그림자는 풀숲을 향해 걸어가다 사라진다.)

〈시나리오 S#2〉
**장소**: 궁궐 안 사형장    **시간**: 정오
(이차돈은 무릎을 꿇고 고개를 숙이고 눈을 감은 채 사형장에 있다.)

**이차돈**: …….
(햇빛은 강렬하게 비추고 있고, 사형 집행자는 물로 칼을 씻고 있다.)
**사람들**: 웅성웅성
(사형 집행자가 칼을 들자 모두 조용해졌다. 집행자가 칼을 휘두르자 번쩍 빛이 나며 흰 피가 튀어서 카메라에 묻는다.)
**사람들**: …….
(머리가 사라진 이차돈의 형체는 바닥에 털썩 쓰러졌다. 그 옆으로 굴러가는 이차돈 머리의 그림자가 보인다.)

[염리초5 추민재]

〈시나리오 S#1〉
**장소**: 비밀스러운 방    **시간**: 늦은 밤
(법흥왕과 이차돈이 비밀스러운 방에서 이야기를 나누고 있다.)

법흥왕: 음, 어쩌지…… 귀족들이 전통신앙만 믿으니.
이차돈: 저를 이용해서 불교를 믿게 하십시오!
법흥왕: 무슨 말을 하는 것이냐?
이차돈: 제가 신성한 나무를 베면 귀족들은 저를 죽이려 할 것입니다. 그때 왕께서는 귀족들의 뜻대로 저를 처형시키십시오. 제가 죽을 때 신비스런 일이 일어난다면 귀족들은 당황할 것입니다. 왕께서는 이를 빌미로 귀족들을 협박하여 불교를 받아들이십시오.
법흥왕: 그건 안 되는 일이다. 네가 목숨을 내놓다니! 있을 수 없는 일이다.
이차돈: 아닙니다. 제가 해야 할 일입니다. 그 방법밖에는 없습니다.
법흥왕: 음, 네가 죽는 일인데, 정말로 그런 결정을 할 수 있겠느냐?
이차돈: 네, 진심으로 원합니다. 전하.

〈시나리오 S#2〉

시간: 낮 　　　　　　　　　장소: 처형대

(이차돈은 처형을 기다리며 바닥에 무릎을 꿇고 앉아 있다.)

이차돈: 부처님이 내 마음속에 있으니, 나의 죽음은 다른 사람의 죽음과는 다를 것이오. 지켜보시오!
관리: 이차돈을 쳐라!
(처형하는 사람이 이차돈을 처형한다. 그때 이차돈의 목에서 흰 피가 나왔고 꽃비가 내렸다. 처형을 지켜보던 사람들은 당황해서 어쩔 줄 모른다.)

[황룡초5 최서영]

# 삼국 시대 사람들은 어떻게 살았을까?

631년

10

**학습 목표**
1. 삼국 시대 사람들의 생활 모습을 알아본다.
2. 삼국 시대의 세금 제도를 알아본다.
3. 생활 모습을 담은 토우를 만들어 본다.

## 생각 한 걸음
생각책 102쪽

1 쌀을 시루에 쪄 먹다가 뚜껑 덮는 솥을 사용해 요즘과 같은 밥을 지어 먹게 되었다. (한국사 편지 1권 150쪽 참고)
2 난방 기술의 발달 (한국사 편지 1권 152쪽 참고)
3 서옥 (한국사 편지 1권 155쪽 참고)
4 돼지고기와 술 (한국사 편지 1권 156쪽 참고)
5 신분 제도 (한국사 편지 1권 156쪽 참고)
6 평민 (한국사 편지 1권 159쪽 참고)

## 생각 두 걸음
생각책 103~105쪽

[😊 👧] 표시는 이 책으로 공부한 어린이들이 실제로 쓴 답안 중에서 적절한 것을 골라 실은 것입니다. 만약 지금 문제를 풀고 있는 어린이가 다소 다른 대답을 하더라도 문항의 핵심을 충분히 이해했다면 어린이의 다양한 생각을 존중해 주세요.

1 😊

"재주꾼이 재주를 부리는 모습이 참 아슬아슬하고 재미있구나."

"난 앞이 가려서 하나도 안보이네. 일산을 들고 있으려니 팔이 너무 아프다."

"역시 박자 맞추기는 어려워. 그래도 난 박자 감각을 타고 난 것 같아."

"옆에 녀석은 오늘도 졸고 있군. 도대체 어제 뭘 한 거야?"

"오늘은 어떤 곡을 연주해 볼까?
코끼리도 원숭이도 내 음악에 맞춰 춤추네."

2 😊 고구려 사람들은 즐거울 때 뿔나팔을 불며, 장고를 치고, 거문고를 연주했다. 그리고 말에 장식하는 것을 좋아했다. 고구려 사람들은 음악을 사랑하고 말을 사랑한 것 같다.

😊 신라 귀족들은 금동 문고리 장식으로 화려하게 집을 장식하고 여름에는 석빙고에서 얼음을 꺼내 먹으며 부유하게 살았지만 평민들은 소박하게 자신들의 모습을 토우로 만들어 장식하는 것으로 만족하면서 살았을 것 같다.

😊 백제 사람들은 가래로 밭을 갈고, 곡식을 쌀단지에 담아 보관했고 세 발 토기에 음식을 담아 먹었을 것 같다.

## 깊이 생각하기
생각책 **106**쪽

1 😊 세금에는 조(租), 용(庸), 조(調) 세 종류가 있다. 쌀, 콩, 조와 같은 곡식으로 세금을 내는 것을 조(租), 나라에서 성이나 궁궐을 지을 때 무료로 일하거나, 군대에 가는 것으로 세금을 내는 것을 용(庸), 베나 비단과 같은 옷감이나 특산물로 세금을 내는 것을 조(調)라고 한다.

2 😊 평민이 세금을 내기 때문에 평민의 수가 많아야 나라의 살림이 풍요로워진다. 평민은 대부분 농사짓는 농민이다. 그렇기 때문에 농사를 짓는 평민의 수가 많아야 세금도 많이 거둘 수 있고 나라가 돈이 많아야 나라를 유지하고 다스리는 데 유리하다고 생각한다.

3 😊 교육을 받을 수 있는 기회가 많아져서 사람은 모두 평등하다는 생각이 널리 퍼졌기 때문이다.

😊 상업이 발달하면서 평민들도 돈을 벌 수 있는 기회가 많아졌다. 그래서 돈이 많은 평민이 생겨나 평민들의 힘이 세졌기 때문이다.

😊 신분 제도를 없애는 법이 생겼기 때문이다.

## 생각 펼치기
### 생각책 107쪽

이 책으로 공부한 어린이들의 실제 답안을 그대로 실었습니다. 어린이들의 다양한 생각과 관심을 파악할 수 있을 것입니다.

[목동초5 장유준]

[황룡초5 최서영]

## 역사와 뛰놀기
생각책 **108**쪽

[일월초4 공윤배]

[일월초4 이현아]

[송림초4 성동진]

# 11
### 676년 신라는 어떻게 통일을 하였을까?

**학습 목표**
1. 신라의 통일 과정을 알아본다.
2. 신라가 통일할 수 있었던 이유를 알아본다.
3. 보드게임으로 신라의 통일 과정을 정리해 본다.

## 생각 한 걸음
생각책 **112**쪽

1 의자왕 (한국사 편지 1권 169쪽 참고)
2 지배층의 권력 다툼으로 일어난 내부 분열 (한국사 편지 1권 169쪽 참고)
3 안동도호부(평양성), 웅진도독부(사비성) (한국사 편지 1권 172쪽 참고)
4 매소성, 기벌포 (한국사 편지 1권 172쪽 참고)
5 북한산 진흥왕 순수비 (한국사 편지 1권 174쪽 참고)
6 일제 시대에 우리나라 역사를 연구한 일본 학자들 (한국사 편지 1권 178쪽 참고)

## 생각 두 걸음
### 생각책 113~114쪽

[😊😊] 표시는 이 책으로 공부한 어린이들이 실제로 쓴 답안 중에서 적절한 것을 골라 실은 것입니다. 만약 지금 문제를 풀고 있는 어린이가 다소 다른 대답을 하더라도 문항의 핵심을 충분히 이해했다면 어린이의 다양한 생각을 존중해 주세요.

1

2 😊 당나라는 백제와 고구려를 정복한 뒤 안동도호부와 웅진도독부를 설치하고 직접 다스리려고 했다. 그러자 신라는 영토를 빼앗기지 않으려고 당나라와 전쟁을 했다.

😊 당나라는 처음부터 고구려와 백제를 멸망시키고 신라까지 정복하려는 욕심이 있었기 때문에 신라와 전쟁을 했다.

3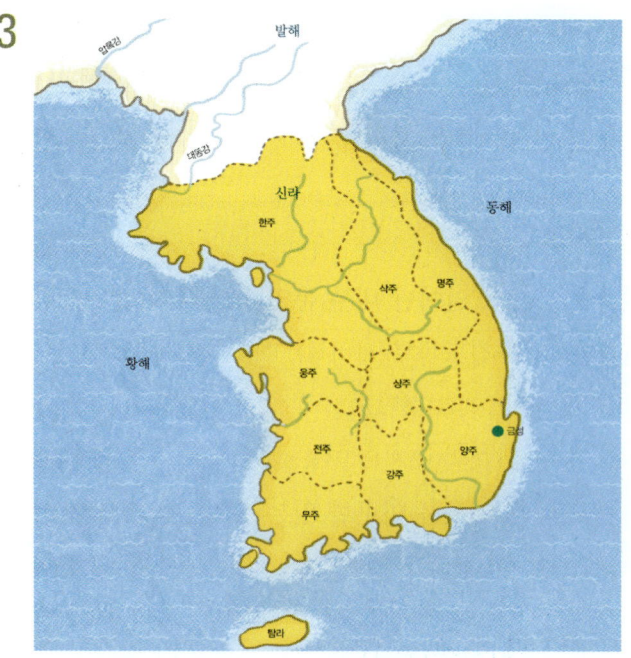

## 깊이 생각하기
생각책 **115**쪽

1. 🧒 한강은 한반도의 중심부이고, 직접 배를 타고 중국으로 곧바로 갈 수 있는 교통의 요지였기 때문이다.
   👧 한강 일대는 농사를 지을 비옥한 땅과 물이 많았기 때문이다.
2. 👦 신라는 귀족 자제들을 교육시켜 나라에 필요한 인재를 키우고 전쟁에 나가 용감하게 싸울 장수와 군사를 얻기 위해 화랑을 만들었다. 전쟁에서 큰 공을 세운 화랑은 중요한 관직에 오르기도 했다.
3. 👩 한강을 차지했기 때문이다. 신라는 한반도 교통의 요지인 한강을 차지하면서 중국과 직접 교류하며 발달한 문화를 받아들였고 나라를 발전시킬 수 있었다.
   🧒 김춘추의 외교적인 노력으로 나당 연합군이 결성되었기 때문에 백제와 고구려를 물리칠 수 있었다. 당나라의 도움 없이 신라 혼자의 힘으로는 백제와 고구려를 상대하기 힘들었을 것이다.
   👧 화랑이 있었기 때문이다. 전쟁에서 승리하기 위해서는 훌륭한 장수와 군사가 꼭 필요한데, 화랑은 평상시에 몸과 마음을 단련하여 전쟁이 일어나면 목숨을 바쳐 싸웠다.
   👦 고구려가 권력층의 갈등으로 힘이 약해졌기 때문이다. 만약 고구려가 내부 분열이 일어나지 않고 하나로 뭉쳤다면 나당 연합군은 고구려를 이기기 힘들었을 것이다.

## 생각 펼치기
생각책 **116~117**쪽

이 책으로 공부한 어린이들의 실제 답안을 그대로 실었습니다. 어린이들의 다양한 생각과 관심을 파악할 수 있을 것입니다.

| | |
|---|---|
| 신분: | 모든 신분에 적용 (노비, 천민 제외) |
| 나이: | 열다섯 살에서 열여섯 살 사이 |
| 하는 일: | 몸과 정신을 수련, 나라를 방어하는 임무, 여러 가지 단체 활동, 나라의 여러 가지 일들을 의논, 봉사 활동 |
| 혜택: | 매달 최고의 낭도로 뽑힌 낭도가 함께 휴가 갈 9명의 친구를 선택할 수 있음 (한 달간 10명 단체 휴가) 단체복 지급, 석 달 활동하면 쌀 5가마니 지급 |

[염리초5 추민재]

신분 : 죄송하지만 노비와 천민은 안 됩니다. 귀족과 평민은 가능합니다.
나이 : 열다섯 살부터 열여덟 살 정도가 가능합니다.
하는 일 : 나라를 전쟁에서 지켜 냅니다. 칼 다루는 법, 무술, 활 쏘는 법 등의 다양한 훈련을 합니다.
혜택 : 나라에 없어서는 안 될 소중한 인물로서 존경을 받습니다. 쌀 한 섬과 비단 1필, 책 2권, 신발 1켤레, 농기구, 무기, 그릇을 드립니다.

[신영초5 명여진]

신분 : 6두품, 5두품, 4두품, 3두품
나이 : 13~18세
하는 일 : 왕의 명령에 복종하고 왕을 안전하게 지킨다.
화랑의 말을 믿고 잘 따른다.
신분에 맞게 예의 바르게 행동한다.
전쟁에서 이길 수 있도록 평상시에 열심히 훈련하여 튼튼한 몸을 만든다.
전쟁에 나가서는 최선을 다해 싸운다.
혜택 : 전쟁에 나가는 달은 금화, 쌀 5가마니, 고기 4근을 준다.
전쟁에 나가지 않는 달은 쌀 2가마니를 준다.
그해 공을 최고로 많이 세운 사람에게는 관직을 높여 준다.

[황룡초5 최서영]

## 역사와 뛰놀기
생각책 118쪽

| | | | |
|---|---|---|---|
| 신라 통일 퀴즈 01 | 황산벌 | 신라 통일 퀴즈 02 | 김유신 |
| 신라 통일 퀴즈 03 | 계백 | 신라 통일 퀴즈 04 | 낙화암 |
| 신라 통일 퀴즈 05 | 관창 | 신라 통일 퀴즈 06 | 의자왕 |
| 신라 통일 퀴즈 07 | 소정방 | 신라 통일 퀴즈 08 | 평양성 |
| 신라 통일 퀴즈 09 | 연개소문 | 신라 통일 퀴즈 10 | 남생, 남건, 남산 |
| 신라 통일 퀴즈 11 | 안동도호부 | 신라 통일 퀴즈 12 | 웅진도독부 |

| | | | |
|---|---|---|---|
| 신라 통일 퀴즈 13 | 매소성, 기벌포 | 신라 통일 퀴즈 14 | 진흥왕 |
| 신라 통일 퀴즈 15 | 나제 동맹 | 신라 통일 퀴즈 16 | 성왕 |
| 신라 통일 퀴즈 17 | 나당 연합 | 신라 통일 퀴즈 18 | 김춘추 |
| 신라 통일 퀴즈 19 | 태종 무열왕 | 신라 통일 퀴즈 20 | 문무왕 |
| 신라 통일 퀴즈 21 | 반굴 | 신라 통일 퀴즈 22 | 북한산 진흥왕 순수비 |
| 신라 통일 퀴즈 23 | 사비성 | 신라 통일 퀴즈 24 | 대왕암 |

# 12 골품의 나라, 신라
751년

**학습 목표**
1. 신라의 골품 제도를 알아본다.
2. 신라 전성기의 문화를 알아본다.
3. 신라 유물을 소개하는 책을 만들어 본다.

1 골품제 (한국사 편지 1권 182쪽 참고)
2 최치원, 최언위, 최승우 (한국사 편지 1권 186쪽 참고)
3 성골 중에 남자가 없었고 골품제라는 신분 제도 안에서 자격을 갖춘 인물을 찾았기 때문이다. (한국사 편지 1권 188~189쪽 참고)
4 불국사, 석굴암, 성덕 대왕 신종, 황룡사 종, 약사여래상, 만불산 등
 (한국사 편지 1권 189~190쪽 참고)
5 무구 정광 대다라니경 (한국사 편지 1권 191쪽 참고)
6 금성(오늘날 경주) (한국사 편지 1권 190쪽 참고)

**생각 한 걸음**
생각책 122쪽

## 생각 두 걸음
**생각책 123~125쪽**

[😊😊] 표시는 이 책으로 공부한 어린이들이 실제로 쓴 답안 중에서 적절한 것을 골라 실은 것입니다. 만약 지금 문제를 풀고 있는 어린이가 다소 다른 대답을 하더라도 문항의 핵심을 충분히 이해했다면 어린이의 다양한 생각을 존중해 주세요.

1 불국사 ( 3 )층 석탑, 황룡사 ( 9 )층 목탑, 감은사지 ( 3 )층 석탑

2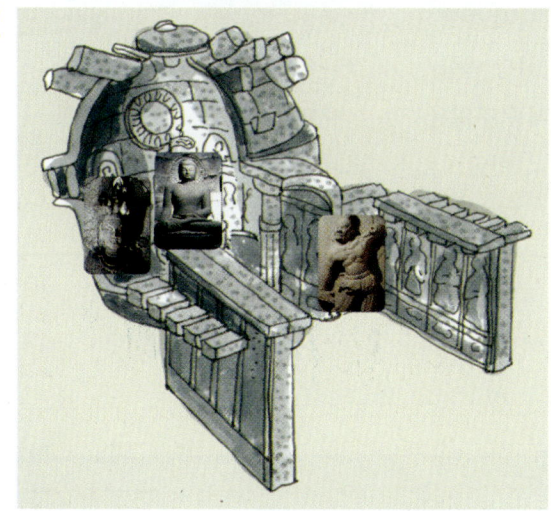

## 깊이 생각하기
**생각책 126쪽**

1 😊 전쟁이 없으니 나라가 안정되고 백성들도 마음의 여유가 생겼을 것이다. 경제적, 정치적으로 안정된 사회에서 농업, 수공업, 상업이 발달하여 신라의 문화가 꽃피울 수 있었다.
😊 신라의 문화에 고구려, 백제의 문화가 더해지고 당나라의 문화를 받아들이면서 이 시기의 문화가 세련되게 발전했을 것이다.

2 😊 장점: 왕과 귀족이 나라를 다스리기 쉽다. 골품이라는 신분 제도 안에서 나라의 질서가 잘 지켜졌을 것이다.
단점: 골품제 안에서는 아무리 능력이 뛰어난 사람이라도 신분이

낮으면 제대로 능력을 인정받지 못했기 때문에 불만을 품은 인재들이 많았을 것이다.

3. 🧑 불교의 나라 신라 : 신라는 왕권을 강화하기 위해 불교를 적극적으로 받아들였고 불교와 관련된 유물과 유적이 많기 때문이다.

😀 황금의 나라 신라 : 화려한 금장식과 금관 등의 유물이 많이 발견되었기 때문이다.

😊 힘이 센 나라 신라 : 삼국을 통일했고 문화가 발달하면서 강해졌기 때문이다.

## 생각 펼치기
**생각책 127쪽**

이 책으로 공부한 어린이들의 실제 답안을 그대로 실었습니다. 어린이들의 다양한 생각과 관심을 파악할 수 있을 것입니다.

희명은 너무나 가난해서 매일 장소를 바꾸며 천막을 쳐서 집을 대신하였다. 어느 한 동네에서 하룻밤을 자게 된 희명은 어떤 청년과 결혼을 해서 아들을 낳게 되었다. 그런데 희명 말고도 먹어야 하는 입이 두 개가 더 늘어나자, 음식을 구하기가 더욱 힘들었다. 게다가 겨울이 와서 먹을 것을 구하기가 매우 힘들어졌다. 희명은 힘이 없는 몸을 이끌고서 이집 저집 구걸을 하며 다녔다. 그렇게 다니다가 한 부잣집 앞에 이르러서 구걸하자, 그 주인은 썩 꺼지라며 자신의 하인들을 불러서 희명을 두들겨 패고 내쫓게 했다.

희명은 두 다리와 갈비뼈 하나가 부러진 상태에서 피투성이 몸을 이끌고 팔로 간신히 눈밭을 기어가서 희명의 남편과 아들이 있는 임시 천막으로 돌아왔다. 희명의 남편은 피투성이가 된 아내를 보고 깜짝 놀라서 희명을 안으로 들어오게 해 자초지종을 들었다. 희명의 이야기를 듣고 화가 난 남편은 곧바로 천막을 뛰쳐나와 마을 쓰레기장으로 가서 녹슨 칼을 하나 집어 들었다.

희명이 집으로 돌아오며 남긴 핏자국들을 따라가서 희명이 죽도록 맞은 집 앞으로 갔다. 남편은 워낙 힘이 장사였던 터라 대문에 걸려 있던 자물쇠를 칼을 휘둘러 한 번에 부러뜨리고 그 집으로 쳐들어갔다. 부잣집에 있던 사람들은 모두 자고 있어서 남편은 '이때다!' 하고 그 안에 있던 모든 사람을 죽였다.

다음 날 아침, 남편은 희명을 부축하고 아들을 등에 업은 채로 어제 사람들을 죽였던 부잣집으로 들어가서 살게 되었다. 그렇게 몇 년을 사치스럽게 살던 어느 날, 희명은 아주 무서운 꿈을 꾸었다. 그 꿈에 신이 나타나서 하는 말이 "너의 남편은 내가 사람들이 이롭게 쓰도록 놓아둔 칼을 사람들을 살생하는 데 썼더구나. 그 대가로 내가 네 아들의 눈을 빼앗아 가겠다. 하지만 그 녹슨 칼로 너의 남편을 죽인다면 내가 이 일은 용서해 주마." 희명은 그 꿈에서 신의 이야기를 듣고 깨어나서 '설마 나의 남편이 그랬겠어?' 하는 생각을 하고 하루를 보냈다. 그런데 그 다음 날 진짜로 아들의 눈이 멀게 되었다. 희명은 그 후 분황사 천수관음을 찾아가서 아들의 눈을 다시 되돌려 달라고 매일매일 기도했다.

[염리초5 추민재]

희명의 아들 진우는 평민이었다. 그는 낭도였고 열일곱 살이었다. 진우는 전쟁에 나가 용감하게 앞장서 싸웠다. 진우가 큰 공을 세우자 그를 시기하는 낭도가 진우의 집으로 몰래 들어왔다. 밤늦은 시간이라 진우는 아무것도 모른 채 잠들어 있었다. 결국, 진우는 눈을 칼에 맞아서 앞이 보이지 않게 되었다. 진우의 비명을 들은 어머니와 아버지가 잠에서 깨어 달려왔다. 하지만 진우를 죽이려고 한 낭도는 이미 도망간 후였다. 비록 눈이 보이지 않았지만 진우는 부모님께 효도하는 착한 아들이었다. 그런 진우를 위해 어머니 희명은 늘 기도했다.

[신영초5 명여진]

## 역사와 뛰놀기
**생각책 128쪽**

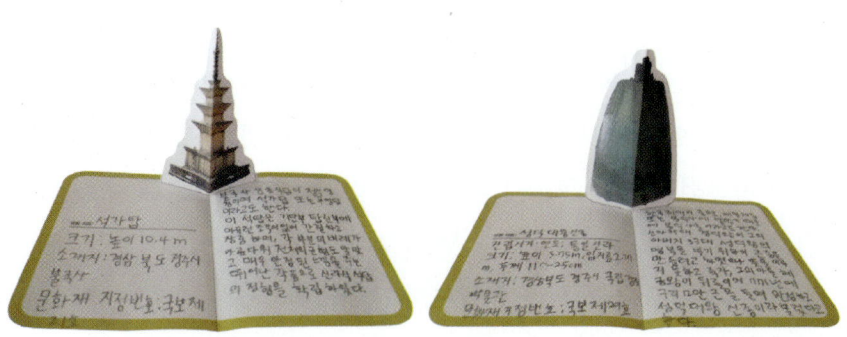

[일월초3 김병철]

# 13 신비의 나라, 발해

818년

**학습 목표**
1. 발해의 건국과 멸망 과정을 알아본다.
2. 발해 문화의 특징을 알아본다.
3. 정효 공주 무덤의 벽화를 색칠해 본다.

1 대조영 (한국사 편지 1권 200쪽 참고)
2 고구려인과 말갈인 (한국사 편지 1권 197~198쪽 참고)
3 발해의 왕이 스스로를 고구려의 계승자로 생각했기 때문이다.
(한국사 편지 1권 199쪽 참고)
4 해동성국 (한국사 편지 1권 202쪽 참고)
5 거란 (한국사 편지 1권 204~205쪽 참고)
6 고려 (한국사 편지 1권 206쪽 참고)

## 생각 한 걸음
생각책 **132**쪽

1
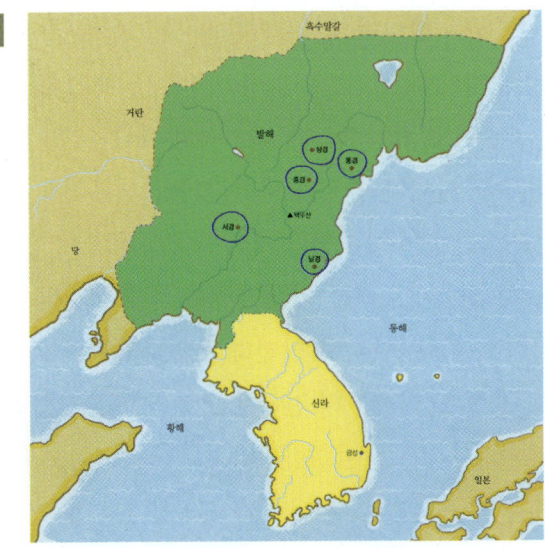

## 생각 두 걸음
생각책 **133~135**쪽

[😊🙂] 표시는 이 책으로 공부한 어린이들이 실제로 쓴 답안 중에서 적절한 것을 골라 실은 것입니다. 만약 지금 문제를 풀고 있는 어린이가 다소 다른 대답을 하더라도 문항의 핵심을 충분히 이해했다면 어린이의 다양한 생각을 존중해 주세요.

2

3 😊 발해 문화의 특징은 유물과 유적이 고구려, 당나라와 비슷하다는 것이다. 왜냐하면 발해가 고구려의 문화를 이어받고 당나라와 교류했기 때문이다.

## 깊이 생각하기
**생각책 136쪽**

1 😊 고구려가 멸망한 후 약 20만 명의 고구려인이 중국에 끌려 왔는데 그중 많은 사람이 영주에 모여 살았다. 영주에는 고구려인 외에 거란인과 말갈인도 많이 살았다. 당나라 관리 조문홰가 당나라인이 아닌 사람을 몹시 학대하자 거란인들이 반란을 일으켰다. 이 반란에 고구려인과 말갈인도 참여했는데 대조영의 아버지 걸걸중상과 말갈인 걸사비우가 지휘자였다. 당나라군과의 전투에서 살아남은 말갈인과 고구려인들은 대조영의 지휘로 천문령에서 당나라군을 전멸시켰다. 대조영은 무리를 이끌고 동모산에 나라를 세우고 이름을 진국이라고 했다. 진국이 발전하자 당나라는 대조영을 '발해군왕'이라고 불렀고, 이때부터 진국은 발해라고 불리게 되었다.

2 😊 발해는 넓은 영토를 다스리기 위해 나라의 곳곳을 연결하는 길

이 필요했다. 잘 닦인 길이 있어야 빠르고 안전하게 물자와 사람이 오고 갈 수 있기 때문이다.

🧒 당, 거란, 일본, 신라, 시베리아 등 여러 나라와 교류하기 위해 길을 만들었다. 이 길로 무역도 하고 사신도 오갔다.

3 👩 '통일 신라 시대'는 삼국 시대 이후의 역사에서 발해를 제외시키고 신라만을 강조하는 이름이고, '남북국 시대'는 고구려를 계승한 발해를 신라와 함께 우리 역사에 포함시키는 이름이다.

## 생각 펼치기
**생각책 137쪽**

이 책으로 공부한 어린이들의 실제 답안을 그대로 실었습니다. 어린이들의 다양한 생각과 관심을 파악할 수 있을 것입니다.

〈발해를 소개합니다〉

친구야, 발해에 대해서 궁금하지 않아? 내가 발해를 소개해 줄게. 발해의 유물, 유적을 보면 발해에 대해 더 자세히 알 수 있어.

먼저 정효 공주 무덤 벽화를 소개해 줄게. 정효 공주 무덤 벽화에는 시종, 내시, 악사 등 12명의 사람이 그려져 있어. 벽화에 그려진 사람들은 조금씩 모습도 달라. 또 사람마다 가지고 있는 물건도 달라. 어떤 사람은 악기를 가지고 있고, 어떤 사람은 활을 가지고 있어. 희미하게 보이는 부분도 있지만, 벽화를 자세히 살펴보면 발해 사람들의 모습을 알 수 있어.

또 발해에는 온돌도 있었어. 왜 온돌이 있었는지 아니? 발해는 북쪽 지역에 있어서 남쪽 지역보다 더 추웠어. 그래서 온돌을 이용해 추위를 이겨 냈대.

그런데 발해 유물은 고구려 유물과 비슷한 것이 많아. 발해 치미와 고구려 치미는 너무나 비슷해서 어느 나라의 치미인지 알 수 없을 정도야. 또 발해 유물은 당나라의 유물과도 비슷한 것이 많아. 발해의 비석과 당나라의 비석에는 부처가 조각되어 있는데 부처의 모습과 분위기가 많이 비슷해. 발해는 고구려, 당나라와 문화를 주고받아서 유물이 비슷한가 봐.

발해 이야기 재미있었어? 발해 유물, 유적은 계속 발굴 중이래. 새로운 유물, 유적이 나오면 또 소개해 줄게. 안녕!

[황룡초5 최서영]

〈발해를 소개합니다〉

안녕, 친구야? 너 혹시 발해를 아니?

발해는 고구려가 멸망한 이후, 대조영이 고구려 유민들과 말갈족을 모아 만든 나라야.

발해는 돌궐과 신라에 사신을 보내 화친을 맺고 옛 고구려 땅을 정복해 나갔어. 그리고 일본과 친하게 지내면서 당나라와도 싸웠어. 지금의 북한 대부분, 만주, 그리고 러시아의 연해주가 모두 발해의 영토였어. 이렇게 발해는 '바다 동쪽의 번영한 나라'라는 뜻의 '해동성국'이라 불릴 정도로 강한 힘을 갖게 되었어. 하지만 발해가 건국된 지 230년 후, 발해 안에서의 권력 다툼을 틈타 거란이 발해를 멸망시켰지.

발해의 문화재들은 아직 발견된 게 많지 않아서 우리는 발해의 역사에 대해 모르는 게 많아. 발해의 영토가 중국 국경 안에 있기 때문에 발해의 유물이나 유적 발굴이 어렵다고 해. 그런데 중국은 중국 땅 안에 있는 우리의 역사를 중국의 역사라고 우기고 있어. 자칫 잘못하면 우리의 역사를 송두리째 빼앗길 수도 있어. 우리가 중국의 역사 왜곡에 맞서기 위해서는 발해 역사에 관심을 더 많이 가져야 할 것 같아.

[대화초6 정 솔]

## 역사와 뛰놀기
생각책 **138**쪽

[대화초4 김근아]